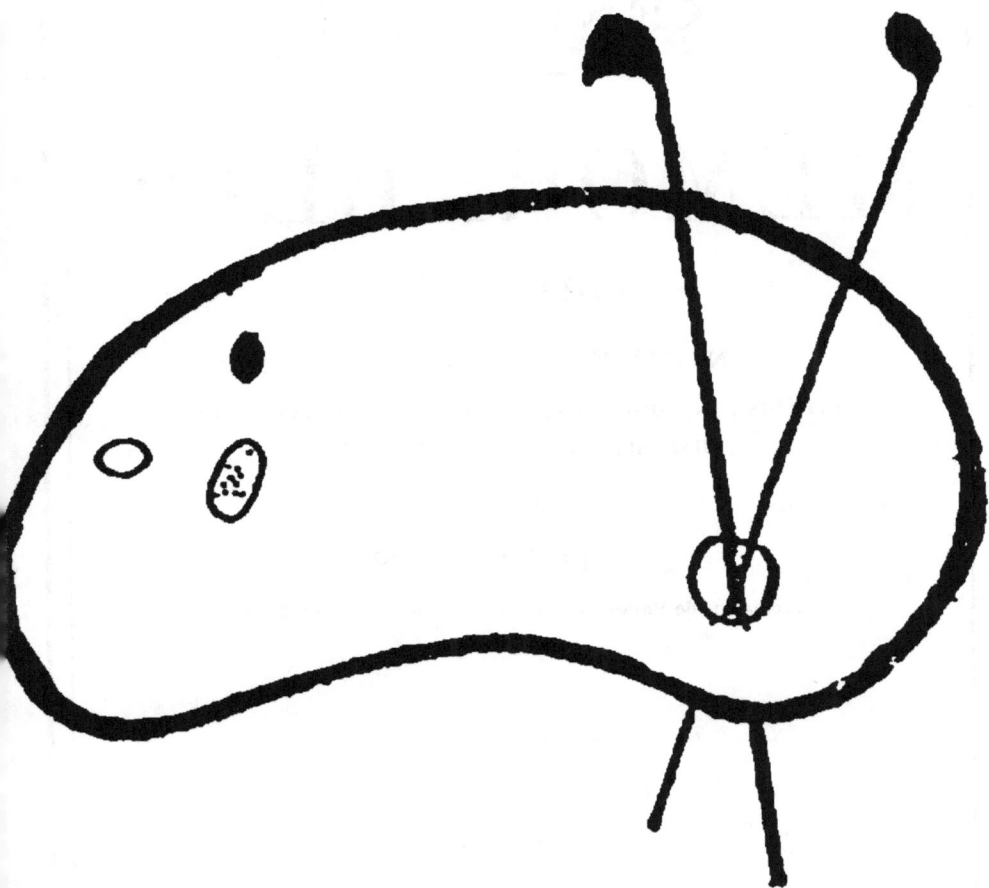

DEBUT D'UNE SERIE DE DOCUMENTS
EN COULEUR

BIBLIOTHÈQUE CLASSIQUE D'OUVRAGES PHILOSOPHIQUES

XÉNOPHON

MÉMORABLES

(LIVRE I)

NOUVELLE EDITION

AVEC UNE INTRODUCTION, UNE ANALYSE ET DES NOTES
HISTORIQUES ET PHILOSOPHIQUES

PAR

A. PENJON

Professeur de Philosophie à la Faculté des lettres de Douai

PARIS

ANCIENNE LIBRAIRIE GERMER BAILLIERE ET Cie

FELIX ALCAN, EDITEUR

108, BOULEVARD SAINT GERMAIN, 108

—

1886

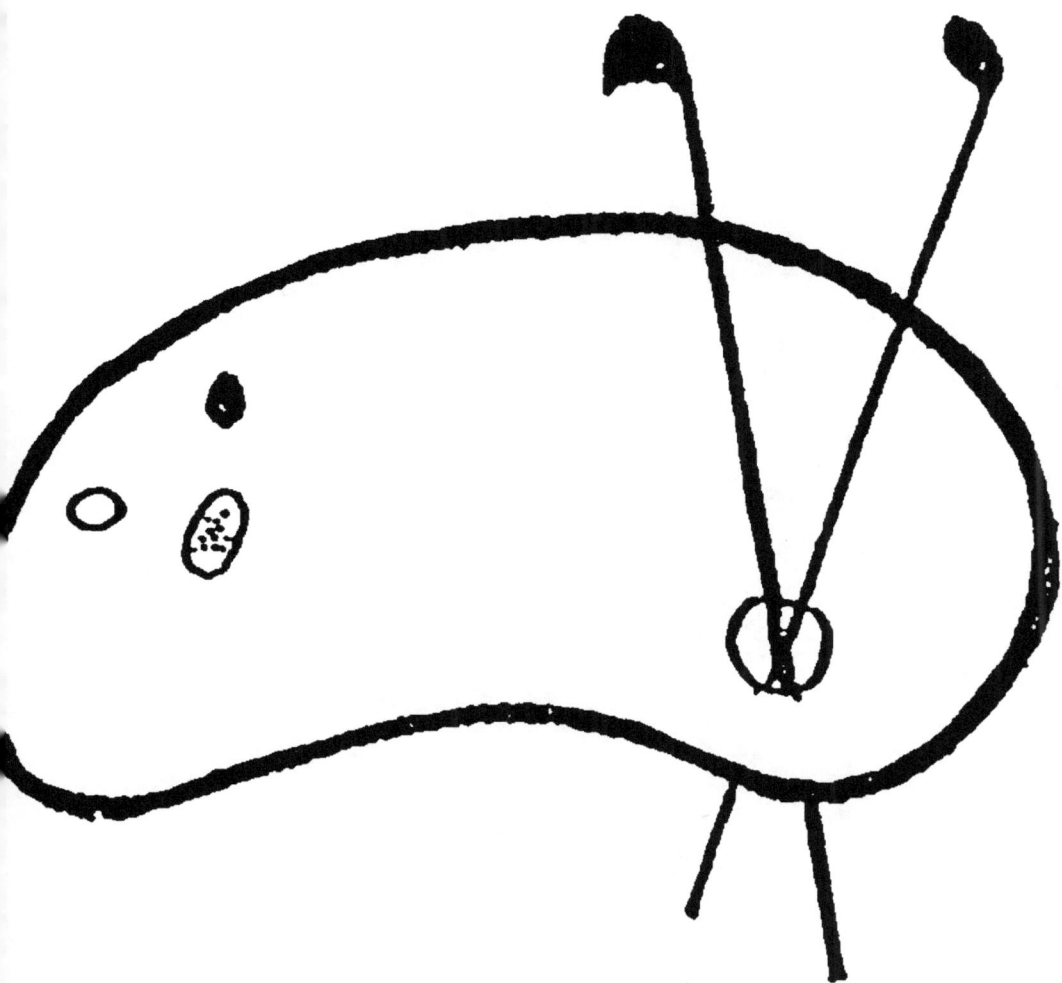

FIN D'UNE SERIE DE DOCUMENTS
EN COULEUR

XÉNOPHON

—

MÉMORABLES

(LIVRE I)

BIBLIOTHÈQUE CLASSIQUE D'OUVRAGES PHILOSOPHIQUES

AUTEURS

Devant être expliqués dans les classes de philosophie, conformément aux pro grammes de l'enseignement secondaire classique prescrits par arrête du 22 janvier 1885

AUTEURS FRANÇAIS

Descartes — *Discours sur la méthode, première méditation,* avec notes instruction et commentaires par M V Brochard professeur de philosophie au lycée Fontanes — 1 vol in 12 2ᵉ édition   3 fr

Descartes — *Les Principes de la philosophie* livre I avec notes par M V Brochard professeur au lycée Fontanes — 1 vol in 12, broché   . 1 fr 25

Leibniz — *Monadologie* avec notes instruction et commentaires par M D Nolen, recteur de l'Académie de Douai — 1 vol in 12   2 fr

Leibniz — *Nouveaux essais sur l'entendement humain,* avant propos et livre I, avec notes par M Paul Janet, professeur à la Faculté des lettres de Paris — 1 vol in 12   1 fr

Malebranche — *De la recherche de la vérité,* livre II (de l'Imagination), avec notes par M Pierre Janet professeur au lycée du Havre — 1 vol in 12   . 1 fr 80

Pascal — *De l'autorité en matière de philosophie* — *De l'esprit géométrique* — *De l'entretien avec M de Sacy,* avec notes, par M Robert doyen de la Faculté des lettres de Rennes — 1 vol in 12   . 1 fr

Condillac — *Traité des sensations* livre I avec notes, par M Georges Lyon professeur au lycée Henri IV   1 vol in 12

AUTEURS LATINS

Lucrèce — *De natura rerum,* livre V avec notes, introduction et commentaires par M Georges Lyon professeur au lycée Henri IV. — 1 vol in 12

Cicéron — *De natura deorum,* livre II avec notes introduction et commentaires, par M Picavet agrégé de l'Université — 1 vol in 12

Cicéron — *De officiis,* livre I avec notes introduction et commentaires, par M Boirac professeur au lycée Condorcet — 1 vol in 12   1 fr 50

Sénèque — *Lettres à Lucilius* (les 16 premières) avec notes, par M Dauriac, professeur à la Faculté des lettres de Montpellier — 1 vol in 12

AUTEURS GRECS

Xénophon — *Mémorables* livre I, avec notes introduction et commentaires par M Penjon professeur à la Faculté des lettres de Douai — 1 vol in 18   1 fr 25

Platon — *République* livre VI avec notes, introduction et commentaires par M Espinas, professeur à la Faculté des lettres de Bordeaux — 1 vol in 18   1 fr 25

Aristote — *Morale à Nicomaque,* livre X avec notes introduction et commentaires par M L Carrau, directeur des conférences de philosophie à la Faculté des lettres de Paris — 1 vol in 12 .   .   1 fr 25

Épictète — *Manuel,* avec notes introduction et commentaires par M Montargis, agrégé de l'Université 1 vol in 12   .   .   .   .   .   1 fr.

MANUEL DU BACCALAURÉAT ES LETTRES (2ᵉ PARTIE)
ET DU BACCALAURÉAT ES SCIENCES RESTREINT

Histoire naturelle élémentaire (*Zoologie, Botanique, Geologie*) par le Dr Le Noir — 1 vol in-12, avec 251 figures dans le texte 2ᵉ édition broché   5 fr

Physique élémentaire, par le même — 1 vol in 12, avec 455 figures dans le texte   6 fr

Chimie élémentaire, par le même — 1 vol in 12, avec figures dans le texte   3 fr. 50

Mathématiques élémentaires (*Arithmétique, Géométrie, Algèbre, Cosmographie*), par le même — 1 vol in 12, avec nombreuses figures dans le texte . .   5 fr

Paris — Imp G Chamerot, 19, rue des Saints Pères — 1893

BIBLIOTHÈQUE CLASSIQUE D'OUVRAGES PHILOSOPHIQUES

XÉNOPHON

MÉMORABLES

(LIVRE I)

NOUVELLE ÉDITION

AVEC UNE INTRODUCTION, UNE ANALYSE ET DES NOTES
HISTORIQUES ET PHILOSOPHIQUES

PAR

A. PENJON

Professeur de Philosophie à la Faculté des lettres de Douai

PARIS

ANCIENNE LIBRAIRIE GERMER BAILLIÈRE ET Cⁱᵉ

FÉLIX ALCAN, ÉDITEUR

108   BOULEVARD SAINT GERMAIN, 108

1886

INTRODUCTION

I

Vie de Xénophon

Quelques semaines après la mort de Socrate, Xéno-phon remettait au général lacédémonien Thimbron le commandement des Dix Mille, et, après deux ans et demi d'absence, revenait à Athènes. C'est là, qu'il apprit, avec autant d'étonnement que de douleur, le procès et la condamnation de celui dont il avait été, pendant plusieurs années, l'élève et l'ami. Dès lors il dut former, s'il ne le mit pas tout de suite à exécution, le projet de recueillir et de publier les *Entretiens memorables* de Socrate.

Comment ils étaient entrés en relation, Diogène de Laërte [1] nous l'a conté à sa manière. Ils se rencontrèrent un jour dans une rue étroite, et Socrate, barrant le chemin avec son bâton : «Où se procure-t-on, demanda-t-il, les choses dont on a besoin? » Xénophon lui répondit. — « Et où trouve-t-on les moyens de devenir vertueux? » Comme le jeune homme hésitait : « Viens avec moi, lui dit-il, et tu l'apprendras. » Rien ne prouve la vérité de cette histoire. Nous ne connaissons positivement de la vie de Xénophon que ce qu'il nous en a lui-même raconté. On ne sait exactement la date ni de

1. Diog., II, 48.

sa naissance, ni de sa mort [1]. Il était Athénien, fils de
Gryllus, de la classe des chevaliers, et il mourut à un
âge assez avancé. Il s'attacha de bonne heure à Socrate
et, s'il ne rapporte pas le premier entretien qu'ils eurent
ensemble, il nous dit du moins, dans l'*Anabase*[2], comment ils se sont quittés. Un jeune Béotien de ses amis,
Proxène, avait pris du service dans l'armée de Cyrus le
Jeune, alors gouverneur de Sardes. Il écrivit à Xénophon
pour l'engager à venir le rejoindre; il lui promettait
la faveur de Cyrus qui lui était à lui-même, disait-il,
plus cher que sa patrie. Xénophon en parla à Socrate.
Mais Socrate, craignant qu'il ne s'attirât le mécontentement des Athéniens s'il allait servir un prince qui
leur avait été si hostile dans leurs dernières luttes
contre les Spartiates, essaya de le détourner de son
projet et l'engagea à consulter l'oracle de Delphes. Le
jeune homme y consentit; cependant, comme il était
avide d'aventures et déjà bien décidé à accepter l'invitation de Proxène, il demanda à l'oracle, non pas s'il
devait entreprendre cette expédition, mais à quel dieu il
devait s'adresser pour obtenir d'en revenir sain et sauf;
l'oracle désigna Jupiter. On juge si Socrate fut satisfait
de cette manière de suivre ses conseils! Mais comme
l'oracle avait parlé, il pensa qu'il fallait lui obéir en
faisant les sacrifices ordonnés, et il laissa partir ce
disciple qu'il ne devait plus revoir.

Xénophon vint donc à Sardes et fit partie de l'armée
de Cyrus, mais d'abord en simple volontaire, sans être,
comme il le dit lui-même, ni capitaine, ni soldat. Il faut
lire, dans le chef-d'œuvre où il a raconté la plus belle

---

1. Les dates les plus probables sont 430 et 354 av. J.-C.
2. *Anabase*, III, 1, 4-9. Voyez aussi Grote, *Hist. de la Grèce*,
trad. A.-L. de Sadous, tome XIII, passim.

partie de sa vie, l'histoire de cette campagne, préparée
en apparence contre les Pisidiens, dirigée en réalité
contre le frère même de Cyrus, le grand roi Artaxercès
Mnémon, et si promptement terminée à la bataille de
Cunaxa. Cyrus tué, les Perses de son armée mis en dé-
route, les dix mille Grecs, qu'il avait enrôlés, ont rem-
porté une inutile victoire et sont réduits à battre en
retraite. Après la trahison de Tissapherne et le meur-
tre des généraux, entre autres de son ami Proxène, Xénophon, malgré sa jeunesse, est choisi pour commander
et ramener jusqu'au Pont-Euxin ces partisans égarés sur
des chemins où jamais des Grecs ne s'étaient encore
aventurés. A force de patience, d'énergie, et aussi à force
d'éloquence, il parvint à maintenir quelque discipline,
à soutenir les courages dans cette troupe, où presque
tous les peuples de la Grèce sont représentés, où il est
peut-être le seul Athénien. Au milieu de pays inconnus,
à travers des contrées glaciales, avec des guides plus
soucieux quelquefois d'employer cette armée toute
trouvée à faire piller leurs voisins que de la mettre en
bonne route, il conduit jusqu'au bout, et sans faire
beaucoup de pertes, cette retraite, qui va être, grâce à
lui, grâce au génie d'Athènes dont il est la personnification, le glorieux prélude des conquêtes d'Alexandre.

A son retour, il est douteux qu'il soit resté longtemps
dans son pays. Ses concitoyens, il est vrai, ne semblent
pas s'être émus de son voyage en Perse ; mais ils avaient
condamné et fait mourir Socrate. En vrai disciple de ce
maître, il n'aimait pas beaucoup, déjà auparavant, leur
constitution et leurs mœurs politiques. Elles devaient
lui déplaire encore davantage, maintenant qu'elles
avaient permis ce crime ou cette erreur. Et puis il
avait pris goût à cette vie d'aventures ; il regrettait le
commandement de ces compagnons d'armes qu'il avait

sauvés ; il alla les rejoindre en Asie et il se trouva ainsi
avec eux sous les ordres d'un successeur de Thimbron,
le roi de Sparte, Agésilas. Comment il suivit ce général
en Grèce et, à la tête des survivants de ses Dix Mille, prit
part à la bataille de Coronée contre les Athéniens et
les Thébains ligués, il serait assez difficile de l'expliquer,
plus difficile encore de l'excuser. Cette fois, les Athéniens se fâchèrent : il fut banni. Nous ne voyons pas
qu'il en ait été fort troublé Sur le butin que sa petite
armée avait fait en Asie, dans quelques expéditions
heureuses après la retraite, une part avait été consacrée
à Artémis d'Éphèse. Comme général il en avait, paraît-
il, l'usufruit. Le gardien du temple d'Éphèse lui rap-
porta ce trésor. Il s'en servit pour acquérir des terres
dans le Péloponèse, près d'Olympie, à Scillonte, que
les Lacédémoniens avaient enlevée aux Éléens et où
ils lui permirent de s'établir. Nous avons dans l'*Anabase* [1] la description de ce vaste domaine, composé de
vergers, de prairies et de grandes chasses. Il l'avait
choisi à cause de sa ressemblance avec les environs
d'Éphèse et consacré à Diane, dont il n'était en quelque
sorte que l'intendant. Chaque année, il lui offrait la
dîme de tous ses fruits. Les habitants de Scillonte et
des villages environnants étaient invités à ces fêtes, et
la déesse, suivant l'expression même de Xénophon,
leur fournissait en abondance, sous les tentes dressées
à cette occasion, les gâteaux de farine d'orge, le pain
de froment, le vin, la viande, le gibier et les sucreries.
Grâce au voisinage d'Olympie, il était fréquemment en
rapport avec des Grecs de toute condition et pouvait
aisément s'instruire de tous les événements contem-
porains. Eut-il, dans cette belle retraite, le loisir de

1. *Anabase*, V, 3, 9.

composer[1] quelques-uns de ses ouvrages? Nous le croirions volontiers. Cependant la description de l'*Anabase* est postérieure à cet établissement. Il fut contraint, en effet, de quitter Scillonte après la bataille de Leuctres. Les Lacédémoniens ne pouvaient plus protéger cette petite ville contre un retour offensif des Éléens. Ils se liguèrent bientôt avec les Athéniens contre Thèbes. Le décret de bannissement fut alors rapporté. Deux fils de Xénophon combattirent à Mantinée dans la cavalerie athénienne; l'un d'eux, Gryllus, fut tué. Nous ne savons pas s'il rentra jamais lui-même à Athènes.

Xénophon réunit, à un rare degré, les qualités de l'homme d'action et celles de l'écrivain. A voir les principaux épisodes de sa vie, on songerait aux *condottieri* du xvie siècle, et il a mérité par la pureté et l'élégance de son style, par la clarté de ses récits, d'être surnommé l'*Abeille de l'Attique*.

II

Appréciation et division des Mémorables

Il semble que la condamnation de Socrate pèse encore aujourd'hui sur lui. Il n'a rien écrit. Nous ne le connais-

---

1. Les principaux ouvrages de Xénophon sont : l'*Anabase*, ou *Récit de la retraite des Dix Mille*; les *Helléniques*, cette troisième partie de l'*Histoire grecque*, dont les deux premières avaient été écrites par Hérodote et Thucydide; l'*Économique*, ou *Entretiens de Socrate* sur un sujet particulier : le mariage grec idéal, et qui sont comme un cinquième livre des *Mémorables*; un dialogue intitulé *le Banquet*, comme celui de Platon; un traité sur les *Revenus de l'Attique*; un autre sur les *Devoirs d'un Maître de la cavalerie*, et une sorte de roman historique, la *Cyropédie*, où se fait encore sentir l'influence de Socrate — L'*Apologie de Socrate*, l'*Écrit sur la République d'Athènes*, et l'*Éloge d'Agésilas*, qu'on lui attribue, sont d'origine douteuse.

sons que par les œuvres de ses disciples. Ceux-ci ont
été contraints de prendre, en parlant de lui, le ton de
l'apologie et ils sont par cela même suspects de par-
tialité. Cependant les critiques sont à peu près una-
nimes à reconnaître la valeur historique des *Mémorables*.
Xénophon rapporte, comme il le déclare lui-même [1],
ses propres souvenirs. Pour les faits, qui se sont passés
en son absence, les témoignages dignes de foi ne pouvaient lui manquer, soit qu'il ait composé son livre
pendant son séjour à Athènes, après sa première expédition d'Asie, soit qu'il l'ait écrit, suivant une opinion
plus probable, quelques années plus tard, en réponse
au réquisitoire du rhéteur Polycrate. Quelle que soit
d'ailleurs la différence dans la forme entre ce livre
d'un historien, homme d'action, probablement peu
versé dans les subtilités de la dialectique, préoccupé
surtout de la pratique, et ceux d'un philosophe et d'un
poète de génie comme Platon, ces deux disciples du
même maître s'accordent sur les points importants, et
la lecture de ce petit traité est une préparation naturelle
à celle des *Dialogues*. Socrate n'y est pas encore idéa-
lisé, et Xénophon, selon toute apparence, ne lui fait
rien dire qu'il n'ait dit en réalité.

Les *Mémorables,* qui se composent de quatre livres,
se divisent plus exactement en deux parties. La première est tout entière contenue dans les deux premiers
chapitres du premier livre. C'est la réfutation des accusations portées contre Socrate. Dans le reste de son
ouvrage, sauf dans le dernier chapitre du quatrième livre,
Xénophon ne parle plus ni du procès, ni de la mort de
son maître, mais il nous donne toute une suite d'entretiens ou de simples propos, propres à nous faire mieux

----

1. Ἰούτων δὴ γράψω ὁπόσα ἂν διαμνημονεύσω, I, 3, 1.

connaître sa manière de vivre et de penser. Les cinq
derniers chapitres du premier livre appartiennent déjà
à cette seconde partie. Enfin, le dernier chapitre, qui
sert d'épilogue, contient les raisons qui, suivant le témoignage d'Hermogène, fils d'Hipponique, ont décidé
Socrate à désirer plutôt qu'à redouter sa condamnation.

La première partie des *Mémorables* forme un tout
complet. Xénophon s'étonne que l'on ait pu accuser
Socrate d'avoir voulu introduire des dieux nouveaux
et d'avoir corrompu la jeunesse. Il combat successive-
ment ces deux chefs d'accusation et termine cette sorte
de plaidoyer en demandant si la conduite de Socrate
n'aurait pas mérité plutôt les plus grands honneurs.

C'est alors que commence cette série de souvenirs
d'où l'ouvrage a pris son nom. Dans quel ordre sont-ils
disposés? Il est malaisé de le reconnaître au premier
abord. Les chapitres se suivent sans transition. Plusieurs commencent par des formules comme celles-ci :
« Je vais raconter encore comment il formait ses disciples à la vertu... » ou : « Je sais encore qu'un jour
il parlait ainsi à Diodore, l'un de ses amis.. » ou bien :
« Un jour j'ai entendu Socrate dire, en parlant de
l'amitié... », etc. D'autres introduisent sans préambule
les deux interlocuteurs, Socrate et un de ses disciples,
ou Socrate et un sophiste; car il est à remarquer que
dans ces dialogues ne figurent jamais que deux personnages.

Les sujets ne se suivent cependant pas tout à fait au
hasard et au gré seulement de la mémoire de l'auteur;
on peut distinguer quelques divisions assez précises
dans cette confusion apparente. Xénophon rapporte
d'abord les opinions de Socrate, ou plutôt il les lui fait
exprimer à lui-même, sur deux vertus fondamentales,

la piété et la tempérance¹ (εὐσέβεια, ἐγκράτεια). Il traite
ensuite des devoirs envers les parents et les amis².
Jusque-là il est question de vertus qui devraient être
communes à tous les hommes, et les deux premiers
livres (en réservant toutefois le plaidoyer du début) se
rattachent ainsi l'un à l'autre. Les sujets traités dans
le troisième livre sont d'une application plus restreinte :
il s'agit des devoirs des généraux, des hommes d'État,
de la pratique d'arts spéciaux, et même de la conduite
à tenir dans des circonstances toutes particulières. Le
dernier livre présente une sorte de résumé des trois
autres. Des questions déjà traitées reparaissent dans
une suite d'entretiens avec Euthydème, un disciple que
Socrate a eu quelque peine à gagner et qu'il semble en
aimer davantage. Cette suite est pourtant interrompue
par une importante discussion sur la justice, avec le
sophiste Hippias. Enfin Xénophon, avant de conclure,
avant d'arriver à l'épilogue, ne néglige pas de nous
donner de précieuses indications sur la méthode de
Socrate et quelques exemples de sa manière de faire
des définitions.

L'incertitude même de ces divisions montre assez que
nous n'avons pas affaire à une œuvre systématique. Les
Mémorables sont plutôt une œuvre d'art, inspirée par
une sorte de piété filiale, et, après avoir lu ce petit
livre, tout pénétré d'atticisme, on croit avoir vivante
devant soi, dans sa surprenante originalité, la figure
énigmatique du vieux Socrate.

---

1. Depuis le troisième chapitre du premier livre jusqu'au premier chapitre du second livre inclusivement
2 Tout le second livre, moins le premier chapitre.

III

Vie de Socrate

Il y a cependant peu de détails, ou seulement par allusions, sur la vie même de Socrate, dans les *Mémorables*. C'est par d'autres autorités[1] que nous connaissons, dans ses principaux traits, sa biographie. Il n'en est pas de plus simple.

Il était né à Athènes vers 469. Son père, Sophronisque, était sculpteur; sa mère, Phénarète, sage-femme. Peut-être exerça-t-il pendant quelque temps la profession de son père. On fit voir à Pausanias un groupe de Grâces voilées qu'on lui attribuait. Il ne sortit d'Athènes que pour remplir à l'armée ses devoirs de citoyen. C'est ainsi qu'il était à la bataille de Délium, où il sauva la vie à Alcibiade. Il ne se mêla jamais des affaires publiques Le sort le désigna cependant une fois pour faire partie du sénat et le hasard fit qu'il était au nombre des Prytanes, c'est-à-dire des présidents légaux de l'Assemblée du peuple, le jour même où Callixène voulut faire voter une proposition contraire aux pratiques judiciaires de la démocratie athénienne. Dix généraux, vainqueurs à la bataille navale des îles Arginuses, étaient accusés de n'avoir pas enseveli les morts et d'avoir laissé périr les équipages de vingt-cinq trirèmes désemparées pendant le combat. Quelle que fût la gravité de ce fait, les accusés devaient, d'après les

1. Les sources anciennes, pour la biographie de Socrate, sont fort nombreuses, mais d'inégale valeur. Parmi les historiens modernes, V. surtout, Zeller, *la Philosophie des Grecs*, etc., trad. fr., t. III, qui discute longuement ces témoignages, et Grote, *op. cit.*, t. XII, ch. iv.

lois, être jugés séparément et obtenir tous les délais
utiles à leur défense. Callixène comptait sur l'émotion
produite dans le peuple pour les faire condamner tous
ensemble et par un seul vote. Les Prytanes s'opposèrent
d'abord à une violation si éclatante et si dangereuse de
la constitution ; mais ils cédèrent bientôt aux menaces
de Callixène et aux clameurs de la foule. Seul Socrate
protesta, seul il refusa de s'associer à cette illégalité et
donna ainsi un grand et courageux exemple de son
obéissance aux lois de son pays[1]. Plus tard, lorsque
Athènes fut livrée en proie aux trente tyrans que lui
avait imposés Lysandre, il ne montra pas moins de courage. On voit, dans le premier livre des *Mémorables*[2],
comment il osa répondre, avec sa raillerie si pleine de
sens, à Critias et à Chariclès qui voulaient lui interdire
d'enseigner « l'art de la parole ». Il n'hésita pas davantage à leur désobéir dans une circonstance à laquelle
Xénophon ne fait qu'une simple allusion[3]. Les Trente
ne se contentaient pas de faire arrêter et mettre à mort
ceux qui leur portaient ombrage. Ils ordonnaient encore
à des citoyens honorables d'accompagner leurs satel-
lites, et ils les forçaient ainsi à se faire les complices
de leurs crimes. Cinq citoyens furent un jour désignés
par eux, avec les plus terribles menaces s'ils désobéis-
saient, pour participer à l'arrestation d'un Athénien
dont la réputation les offusquait, Léon de Salamine.
Malgré son âge, Socrate devait être de cette expédition.
Il était sur la place publique quand il reçut l'ordre des
tyrans : il rentra simplement chez lui, sans s'inquiéter
des suites de son refus d'obéir.

---

1. *Mém.*, I, 1, 18. V. aussi le très intéressant récit de Grote,
op. cit., t. II, ch. iv.
2. *Mém.*, I, 2, 33-38.
3. *Mém.*, IV, 4, 3, et Grote, *op. cit.*, t. XII, ch. i^{er}.

Ce même homme, qui avait pu braver impunément la colère des Trente, fut, quatre ans après le rétablissement de la démocratie, accusé des crimes que l'on sait, par Mélétus, un poète tragique, Lycon, un orateur, et Anytus, un corroyeur riche et influent. Il refusa de se défendre et fut condamné à boire la ciguë (399 av. J.-C.).

Ce n'est donc pas dans les événements de la vie de Socrate qu'il faut chercher les causes de sa célébrité, mais bien dans la mission qu'il s'était donnée et les qualités qui lui ont permis de la remplir.

Sa physionomie est bien connue. Il n'était pas beau. Avec son nez aplati, ses lèvres épaisses, ses yeux saillants, il ressemblait à un satyre ou à un silène. Sa constitution robuste le rendait capable de supporter la fatigue ou la souffrance à un degré extraordinaire. Il était devenu, pour ainsi dire, indifférent au froid et à la chaleur. Il allait nu-pieds dans toutes les saisons, et le même manteau d'étoffe commune lui suffisait pour l'hiver comme pour l'été. Sans être pauvre, il n'avait qu'une fortune très modique ; mais il s'était si bien exercé à limiter ses besoins que son extrême sobriété le dispensa de jamais rien faire pour augmenter ses ressources. Il ne voulut jamais rien recevoir pour ses leçons, soit qu'il voulût rester indépendant, soit qu'il regardât comme une indignité d'accepter de l'argent en retour de certains bienfaits[1]. La reconnaissance de ceux qu'on a rendus plus sages et meilleurs, disait-il, devait être pour un bon maître une récompense suffisante. Cette modération, cette sobriété ne l'empêchaient pas de prendre part aux réjouissances des fêtes religieuses ou aux festins où il était prié. Lui-même il rece-

---

1. *Mém.* Ce sujet revient plusieurs fois dans les *Mém.* V. I, 2, 5-7. 5, 6. 6, 11-14, etc.

vait ses amis à l'occasion[1]. Il pouvait alors boire plus que personne sans jamais s'enivrer. Mais sa constante préoccupation était de se rapprocher le plus possible de la perfection des dieux, qui n'ont besoin de rien[2].

Ces traits ne sont pas absolument particuliers à Socrate; beaucoup de philosophes se sont efforcés, dans l'antiquité, de réduire leurs besoins au minimum et se sont exercés à la tempérance; c'était, il est vrai, à son exemple, pour la plupart, et peu l'ont fait avec le même tact et la même mesure, ou avec le même succès; mais ce qui est resté inimitable, c'est sa manière d'enseigner. Il ne donnait pas à proprement parler des leçons, il n'avait pas d'école, il ne réunissait pas ses disciples dans une enceinte; il refusa même toujours le titre de maître et prétendait avoir des amis, des compagnons, plutôt que des disciples[3]. C'est sur la place publique, au marché, dans les rues, qu'il professait, ou plutôt qu'il causait, interrogeant l'un ou l'autre sur des sujets d'apparence familière, demandant des définitions qu'il semblait facile de donner, montrant que celles qu'on lui donnait étaient cependant trop étroites ou trop larges, amenant enfin ceux qui n'étaient pas assez sots pour se rebuter dès le début, à trouver comme par eux-mêmes la vérité, à distinguer le vrai savoir de l'illusion du savoir. Sa réputation de *causeur public* s'était répandue. On venait de loin pour l'entendre et, parmi les jeunes gens d'Athènes, ceux qui avaient de l'ambition, fréquentaient Socrate, quelquefois moins pour devenir vertueux à sa suite que pour acquérir en l'écoutant l'art de discuter et de persuader. Personne, en effet,

1. *Mém.*, III, 14, 1.
2. V. notamment *Mém.*, I, 6.
3. *Mém.*, I, 2, 3.

n'était plus capable que lui de séduire ses auditeurs.

Quel but se proposait-il donc? Quelle était la mission qu'il s'était donnée, et, puisqu'il faut bien l'appeler, malgré lui, un maître, quelles étaient sa doctrine et sa méthode?

IV

La religion de Socrate

Le but de Socrate était, d'après Xénophon, de rendre les hommes plus pieux et plus sages. Mais il y a dans les *Memorables* eux-mêmes une singulière disproportion entre les développements donnés aux questions religieuses et aux questions morales. Outre la réfutation de l'accusation d'impiété, il n'y a que deux entretiens sur l'existence et la providence des dieux[1]. D'autre part, à en juger par le caractère même de son disciple, il semblerait bien que Socrate s'efforçait d'inspirer à ses auditeurs des sentiments religieux très déterminés. La piété, une piété minutieuse, tel est en effet le trait dominant du caractère de Xénophon. Il nous dit lui-même, à chaque instant, le soin qu'il prenait de consulter les dieux sur toutes ses entreprises. Nous avons vu comment, sur le conseil même de son maître, il s'était adressé à l'oracle de Delphes avant de partir pour l'Asie Mineure. Dans l'intervalle qui sépara la fin de la Retraite des Dix Mille et son retour à Athènes, il fit plusieurs expéditions, sortes de chasse aux barbares, qui n'avaient pour but que le pillage et le butin ; il ne les entreprit jamais sans avoir fait des sacrifices et interrogé les entrailles des victimes[2]. La religion de Socrate

1. *Mem.*, I, 4 ; IV, 3.
2. V. Grote, *op. cit.*, t. XIII, ch. III.

était-elle donc cette religion étroite et formaliste que nous retrouvons chez son élève ?

Il y a une importante distinction qui domine, d'après les *Mémorables*, toutes les pensées de Socrate : c'est la distinction, dans les choses humaines, de ce qui dépend et de ce qui ne dépend pas de nous[1]. Il dépend de nous de les faire ou de ne pas les faire, de les faire bien ou mal ; mais ce qu'il y a en elles de plus important (τὰ δὲ μέγιστα τῶν ἐν τούτοις), à savoir leurs suites éloignées, voilà ce dont les dieux se sont réservé la connaissance, et ce qu'ils révèlent dans leurs oracles à ceux qui, par leur piété, méritent cette faveur. On peut savoir bien planter un verger, bâtir savamment une maison ; mais qui habitera cette maison, qui recueillera les fruits de ce verger ? Un bon général ignore s'il lui est avantageux de commander, et un homme d'État digne de ce nom, s'il est de son intérêt de gouverner son pays, etc. Cet inconnu, qui pèse en toutes choses sur l'avenir, cette impuissance où nous sommes de prévoir à coup sûr tous les résultats de nos démarches les plus réfléchies, sont pour Socrate (et sur ce point sommes-nous plus avancés que lui?) le fondement de sa croyance à l'intervention des dieux dans les affaires humaines. Il prouve d'autre part l'existence de ces dieux surtout par les causes finales, c'est-à-dire par un argument qu'il a développé le premier, et qui est le plus propre à faire éclater la bonté divine. Sans doute, il attache peu d'importance aux fables de la mythologie. Nous ne trouvons dans les *Mémorables* aucune allusion directe[2], autrement que par des formes de langage, aux dieux de

---

1. *Mém.*, I, 1, 7-8.

2 Cependant il est question, à plusieurs reprises, du « Dieu de Delphes » et de la Pythie. Mais cette expression fait partie, semble-t-il, de la *forme* de sa religion.

l'Olympe. Il n'emploie même pas toujours le pluriel. Il parle de celui « qui ordonne et conserve l'univers tout entier[1] (ὁ τὸν ὅλον κόσμον συντάττων τε καὶ συνέχων) », de celui « qui crée les hommes depuis le commencement[2] (ὁ ἐξ ἀρχῆς ποιῶν ἀνθρώπους) ». Mais il estime que les formes de la religion établie sont bonnes pour remercier la divinité, pour la prier, en s'en rapportant à elle toutefois, au lieu de lui demander tel ou tel bien particulier[3], et il croit que Dieu peut nous découvrir l'avenir. Il renvoie ses disciples à la divination dans toutes les affaires importantes. Il fait lui-même les sacrifices prescrits par les lois ; il déclare, en s'autorisant d'une réponse de la Pythie, que c'est pratiquer la piété que de se conformer aux lois religieuses de son pays[4]. Bien plus, il reçoit directement des avis divins.

Il est plusieurs fois question, dans les *Mémorables*, du démon de Socrate. Il semble que ses accusateurs aient vu dans ce démon, dont il parlait souvent lui-même et qui se manifestait, disait-il, pour le détourner de telle ou telle action, une de ces divinités nouvelles qu'ils lui reprochaient de vouloir introduire à Athènes. Xénophon soutient au contraire que ce démon, ou plutôt ce signe divin (τὸ δαιμόνιον), était, quoique particulier à Socrate, tout semblable aux signes qu'on interprète dans la divination pour connaître la volonté des dieux, et il y trouve une preuve de la piété de son maître[5]. Ailleurs, Aristodème, à qui Socrate veut prouver l'existence des dieux, déclare[6] qu'il y croirait volontiers s'il

1. *Mém.*, IV, 3, 13
2. *Ibid.*, I, 4, 5.
3. *Ibid*, I, 3, 2.
4. *Ibid.*, I, 3, 1.
5. *Ibid.*, I, 1, 2 6.
6. *Ibid.*, I, 4, 15.

recevait, lui aussi, « des conseillers pour l'avertir de ce qu'il faut faire ou ne pas faire (συμβούλους, ὅ τι χρὴ ποιεῖν καὶ μὴ ποιεῖν) ». Enfin Euthydème s'exprime à peu près de la même manière[1] et envie ce privilège du philosophe qui, sans même interroger les dieux, est averti d'avance de ce qui doit être fait ou être évité (εἴ γε μηδὲ ἐπερωτώμενοι ὑπό σου προσημαίνουσί σοι ἅ τε χρὴ ποιεῖν καὶ μὴ ποιεῖν). Dans ces deux cas, Socrate ne répond pas directement. Il se borne à faire remarquer que les autres hommes sont également favorisés, s'ils méritent par leur piété d'être avertis par les dieux qui se manifestent dans leurs œuvres et communiquent avec nous par l'intermédiaire des oracles.

On a proposé, pour expliquer ce qu'il faut entendre par cette expression « le démon de Socrate », des hypothèses variées[2], depuis celle d'une pure hallucination jusqu'à celle d'une simple personnification de la conscience morale. Dans une lettre à Mme Élisabeth, princesse palatine, Descartes donnait sur le même sujet son opinion en ces termes : « ... Comme la santé du corps et la présence des objets agréables aident beaucoup à l'esprit pour chasser hors de soi toutes les passions qui participent à la tristesse, et donner entrée à celles qui participent à la joie ; ainsi réciproquement, lorsque l'esprit est plein de joie, cela sert beaucoup à faire que le corps se porte mieux, et que les objets présents paraissent plus agréables ; et même aussi j'ose croire que la joie intérieure a quelque secrète force pour se rendre la fortune plus favorable. Je ne voudrais pas écrire ceci à des personnes qui auraient l'esprit faible, de peur de

1. *Mem*, IV, 3, 12.
2. V. Lelut, *le Démon de Socrate*; Zeller, *op. cit.*; Fouillée, *la Philosophie de Socrate*; Egger, *la Parole intérieure*, chap. III, §§ 7, 9, etc, etc.

les induire à quelque superstition ; mais, au regard de
Son Altesse, j'ai seulement peur qu'elle se moque de
me voir devenir trop crédule. Toutefois j'ai une infinité
d'expériences, et avec cela l'autorité de Socrate, pour
confirmer mon opinion. Ces expériences sont que j'ai
souvent remarqué que les choses que j'ai faites avec un
cœur gai et sans aucune répugnance intérieure, ont
coutume de me succéder heureusement, jusque là
même que, dans les jeux de hasard, où il n'y a que la
fortune même qui règne, je l'ai toujours éprouvée plus
favorable, ayant d'ailleurs des sujets de joie, que lorsque j'en avais de tristesse. Et ce qu'on nomme commu-
nément le génie de Socrate n'a sans doute été autre
chose, sinon qu'il avait accoutumé de suivre ses incli-
nations intérieures, et pensait que l'événement de ce
qu'il entreprenait serait heureux, lorsqu'il avait quelque secret sentiment de gaieté, et au contraire qu'il
serait malheureux lorsqu'il était triste. Il est vrai pourtant que ce serait être superstitieux de croire autant à
cela qu'on dit qu'il faisait ; car Platon raconte de lui
que même il demeurait dans le logis toutes les fois que
son génie ne lui conseillait pas d'en sortir. Mais, tou-
chant les actions importantes de la vie, lorsqu'elles se
rencontrent si douteuses que la prudence ne peut enseigner ce qu'on doit faire, il me semble qu'on a grande
raison de suivre le conseil de son génie, et qu'il est
utile d'avoir une forte persuasion que les choses que
nous entreprenons sans répugnance, et avec la liberté
qui accompagne d'ordinaire la joie, ne manqueront pas
de nous bien réussir[1]. »

Si l'on songe au ton demi-plaisant, demi-sérieux sur
lequel Socrate parlait ordinairement de son démon,

---

1. Œuvres de Descartes, ed Garnier, t. III, p. 227-228.

peut-être ne sera-t-on pas éloigné d'admettre cette cu-
rieuse interprétation de Descartes. Cependant il semble
bien qu'il s'en faisait lui-même une idée différente, ou
du moins qu'il prenait véritablement ses propres incli-
nations pour des signes divins. Le témoignage de Xénophon, quelque suspect qu'il puisse être venant d'un
homme si naïvement superstitieux, est trop net pour
ne pas être l'expression de la pensée de son maître, et
il s'accorde tout à fait avec celui de Platon sur le même
sujet.

Nous nous arrêterions donc à cette conclusion, que la
croyance de Socrate en son démon était une forme de
sa croyance à la providence divine. Comme il croyait à
la divination, la seule étude qu'il autorisât en dehors
des études d'une utilité immédiate[1], il croyait à des ré-
vélations particulières faites[2] à ceux qui se sont rendus
les dieux favorables (τοὺς θεοὺς γὰρ οἷς ἂν ὦσιν ἵλεῳ σημαίνειν). Mais sa piété n'avait rien de fanatique. Elle était
faite surtout de reconnaissance et de confiance. Il s'appliquait à apaiser les scrupules de ceux qui regardaient
la divinité comme trop supérieure à l'homme pour entendre ses prières, ou de ceux qui craignaient de ne
pas lui offrir des sacrifices assez dignes d'elle[3]. Et pour
lui-même, se sentant constamment, pourrait-on dire,
en la présence de Dieu, il était l'un des hommes les
plus religieux de son temps, il était même superstitieux, si l'on est encore superstitieux quand on y met
la finesse et l'esprit d'un Socrate ou d'un Descartes.

1. *Mém.*, IV, 7, 10.
2. *Ibid.*, I, 1, 9.
3. Voir notamment ses conseils à *Aristodème* (I, 4) et à *Euthydème* (IV, 3).

V

Le contenu de la morale socratique

Ce n'est pas cette disposition religieuse qui fait la principale originalité de Socrate ; elle ne vient pas non plus du contenu de sa morale.

A ne considérer en effet que du dehors les préceptes qu'il donne à ses disciples, on ne voit pas, au premier abord, une grande différence entre son enseignement (la forme réservée, toutefois) et celui des sophistes, de ces maîtres, dont le nom n'était pas encore pris en mauvaise part, et qui se chargeaient de l'éducation des jeunes Athéniens. Pour lui, comme pour eux, le bien consiste dans l'utilité, et la principale raison qu'il fait valoir pour inspirer telle ou telle vertu, c'est qu'elle doit procurer un avantage certain à ceux qui la mettront en pratique. Le bonheur, telle est pour lui la fin des actions, et celles-là sont bonnes qui nous rendent heureux.

La piété n'est-elle pas le plus sûr moyen d'obtenir les plus grands bienfaits en se rendant les dieux favorables ? « Il faut donc, dit-il à Euthydème[1], ne rien négliger pour honorer les dieux suivant nos forces, avoir ensuite confiance en eux et en attendre les plus grands biens. Il n'est personne dont nous puissions raisonnablement espérer plus de bienfaits que de ceux qui sont le plus puissants pour nous servir, et nous ne pouvons mieux les mériter qu'en faisant ce qui leur plaît. Or en quoi pouvons-nous mieux leur plaire qu'en leur obéissant le plus possible ? »

La justice qui consiste, d'après Socrate, à observer la

1. *Mém.*, IV, 3, 17.

légalité, à se conformer aux lois écrites et à ces lois non écrites qui sont dans le cœur de tous les hommes[1], se recommande également par les avantages qu'elle procure. Le respect des premières est une condition nécessaire pour vivre en paix dans son pays, et ceux qui violent les lois divines ne sauraient échapper au châtiment que cette violation emporte avec elle.

S'il faut éviter la vanité et la présomption, c'est parce que le vaniteux, en affectant de paraître ce qu'il n'est pas, s'expose à être démasqué et couvert de ridicule[2]. S'il est bon pour les individus ou pour les États d'être en mesure de commander aux autres, c'est parce que ceux qui commandent ont plus de chances d'être heureux que ceux qui sont asservis[3]. Si l'on doit respecter ses parents, c'est pour éviter la colère de Dieu et le mépris des honnêtes gens[4]. Un ami est de tous les biens le plus productif[5]. On obtiendra l'estime de ses amis pour n'être pas abandonné par eux[6]. Le premier devoir d'un général est de rendre heureux ceux qu'il commande[7]. Les choses enfin ne sont bonnes et belles qu'autant qu'elles sont bien appropriées à la fin qu'elles servent à atteindre[8].

On pourrait multiplier ces exemples. Mais la vertu humaine par excellence, celle à laquelle Socrate revient sans cesse, et qui lui apparaît comme la condition de toutes les autres, c'est l'empire sur soi-même ou la tempérance (ἐγκράτεια). Sans elle, nous sommes esclaves,

1. V. surtout l'entretien avec Hippias, IV, 4.
2. *Mém*, I, 7.
3. *Ibid*, II, 1
4. *Ibid*, II, 2
5 *Ibid*, II, 4
6 *Ibid*, II, 3.
7. *Ibid*, III, 2.
8. *Ibid*, III, 8

nous sommes impuissants à être jamais heureux. Au
contraire, ceux qui sont formés à la tempérance sont
capables non seulement d'assurer leur propre bonheur,
mais aussi de rendre heureux d'autres hommes et de
faire prospérer des États comme leurs propres maisons.
Nous avons vu comment Socrate pratiquait lui-même
cette vertu.

Mais c'est assez s'arrêter à cette suite de préceptes, qui
ne donnent pas, ainsi présentés, une idée exacte de la
morale socratique. La méthode qu'il suivit pour les
trouver, voilà ce qui fait vraiment la nouveauté de son
enseignement et permet d'expliquer, plus que tout le
reste, sa réputation.

VI

La méthode de Socrate

C'est déjà une question de méthode que de bien déterminer l'objet de ses études. Or Socrate se distingue pro-
fondément des philosophes ses prédécesseurs en renon-
çant aux recherches qui les avait occupés. Il ne se
demande plus quelle est la nature des choses en général,
quelles sont les lois nécessaires[1] suivant lesquelles tout
se produit (αἷς ἀνάγκαις ἕκαστα γίγνεται). D'une part, ce
problème lui paraît dépasser la portée de l'intelligence
humaine, et, d'un autre côté, à supposer même qu'on
pût le résoudre, il ne voit pas à quoi cette solution pourrait nous servir. Aurait-on, même en connaissant ces
lois, la prétention de faire à son gré les vents, la pluie,
les saisons[2] (ποιήσειν, ὅταν βούλωνται, καὶ ἀνέμους καὶ ὕδατα
καὶ ὥρας)? Ou connaît-on assez les choses humaines pour

1. *Mém.*, I, 1, 11, 15.
2. *Ibid*, I, 1, 15.

avoir le loisir de s'enquérir des choses dont les dieux
se sont chargés ?

Socrate se borne en effet à l'étude des choses humaines, de ce qui est à la portée de l'homme et l'intéresse
le plus, recherchant ce qui est pieux ou impie, beau ou
honteux, juste ou injuste, etc. C'est ce que Cicéron a
exprimé dans cette phrase bien connue : Socrate a
ramené la philosophie du ciel sur la terre.

Pour apprécier cette réforme, il faut comprendre ce que
les anciens désignaient sous le nom de *Physique*. C'était
ce que nous appellerions aujourd'hui la *Philosophie naturelle*, c'est-à-dire un essai de synthèse de nos connaissances sur la nature, avec cette particularité que les
sciences distinctes qui se sont maintenant développées
dans toutes les directions, nous ont fourni des connaissances précises sur différents ordres de phénomènes,
au lieu que la physique des anciens ne reposait sur
aucune donnée de ce genre. Aujourd'hui même nous
savons combien sont téméraires et prématurées ces
tentatives de synthèses. Que penser de cette prétention
de fonder une philosophie naturelle presque sans aucune étude du détail des choses, sinon que l'esprit humain, dans l'enfance de l'humanité, ne pouvait encore
soupçonner la difficulté et les véritables conditions du
problème? Aussi la physique, avant Socrate, n'est-elle
qu'une métaphysique aventureuse, avec toutes les
contradictions que produit fatalement la diversité d'esprits s'appliquant à construire un monde *a priori*. Ce
sont ces contradictions mêmes qui prouvent à Socrate
la fausseté de la physique de son temps et la lui font
rejeter. Devait-il, sans condamner absolument cet ordre
de recherches, indiquer une meilleure méthode pour
les aborder et prévoir qu'elles seraient alors fécondes
et fertiles en applications? Ce serait lui reprocher de

n'avoir pas été, dès le v° siècle avant J.-C., le précurseur de Bacon et des savants modernes. Encore le reproche serait-il injuste. Il a été véritablement ce précurseur. En séparant en effet l'étude des choses humaines de celles des phénomènes naturels, il a indiqué, sans le savoir, mais sûrement, la marche à suivre pour résoudre tous les problèmes, c'est-à-dire la méthode analytique. Sa condamnation de la physique a fait moins de mal à cet ordre de recherches (on ne tardera pas à y revenir après lui) que ne lui a fait de bien l'exemple qu'il a donné de diviser les questions.

N'oublions pas d'ailleurs que pour un esprit religieux comme le sien, ces choses naturelles sont choses divines. Cette nécessité des lois, qu'il a reconnue avec quelques-uns de ses devanciers, lui prouve l'intervention d'un Être tout puissant et constant dans ses desseins. Or cet Être se charge de tout ordonner. Nous pouvons compter que cette belle ordonnance subsistera sans qu'il nous soit utile d'en pénétrer les détails. Nous sommes assurés de la stabilité de ce décor, pourrions-nous dire, fait pour nous, devant lequel, comme sur une sorte de théâtre, nous devons jouer la pièce de notre vie morale. C'est de cette pièce seule que nous avons à nous inquiéter, et ce n'est pas trop de tous nos soins pour en être les bons acteurs.

Il y a plus : les sciences mêmes, qui, de son temps, étaient arrivées par la force des choses à un certain degré de développement, comme la géométrie, l'astronomie, il désapprouvait qu'on en poursuivît l'étude au delà de ce qui peut servir à la vie pratique. Et cependant il n'était pas ignorant lui-même de ces hautes spéculations, à ce que nous affirme Xénophon[1] ; mais il

1. *Mem*, IV, 6, 5.

pensait qu'elles suffisaient pour consumer la vie de l'homme et le détournaient d'une foule d'autres études beaucoup plus utiles. Nous accorderons, après avoir ainsi indiqué les circonstances atténuantes, que cette doctrine dénote une certaine étroitesse d'esprit. Qui oserait toutefois reprocher à Socrate d'avoir trop insisté sur l'importance de la morale, sur le devoir de lui subordonner toute autre préoccupation?

C'est donc des choses humaines que nous devons nous instruire avant tout, et même exclusivement, si l'on songe que nous ne les connaîtrons jamais assez bien. « Pour lui[1], il s'entretenait (διελέγετο) toujours des choses humaines, examinant ce qui est pieux et ce qui est impie, ce qui est beau et ce qui est honteux, ce qui est juste et ce qui est injuste, ce que c'est que la sagesse ou la folie, le courage ou la lâcheté, l'État et l'homme d'État, le gouvernement et le gouvernant, et autres choses semblables dont il pensait que la connaissance nous rend vertueux (καλοὺς κἀγαθούς) et l'ignorance dignes du nom d'esclaves. » A un objet ainsi déterminé — et le témoignage de Xénophon est formel — Socrate applique une méthode spéciale. D'abord, d'après le texte même que nous venons de citer, et d'après ce que nous voyons dans les *Dialogues* de Platon aussi bien que dans les *Mémorables*, au lieu de faire des leçons, d'exposer *ex professo* une doctrine, il s'entretient avec ses amis ou ses disciples, il procède par interrogations. Certes les sophistes étaient versés, eux aussi, dans l'étude de ces choses humaines et c'est le mérite de ces maîtres d'avoir conçu un plan d'éducation intellectuelle propre à développer l'habileté de leurs élèves dans l'art de la parole et de la discussion. Mais cette habileté n'était qu'une

---

1. *Mém.*, I, 1, 16.

sorte de routine. Le disciple d'un Protagoras ou d'un Gorgias avait été exercé à parler sur le juste et l'injuste. Il répétait ces exercices à l'occasion, mais faute d'avoir étudié et de savoir exactement en quoi consiste la justice, faute de posséder la science, la théorie de la pratique qu'on lui avait seule enseignée, il était incapable de résoudre par lui-même les difficultés qui se présentent à chaque instant. Ce qui était vrai de ces jeunes gens, instruits à l'école des sophistes, l'était à plus forte raison, et l'est encore aujourd'hui, de tous ceux dont l'expérience ordinaire de la vie est le seul maître. Nous apprenons à employer, dans des cas semblables, des mots semblables. Telle action, déjà observée et qualifiée dans une circonstance toute pareille, est jugée courageuse. Tel homme est dit tempérant qui se conduit comme cet autre homme à qui l'on a accordé devant nous la même dénomination. Mais qu'est-ce que le courage ? qu'est-ce que la tempérance ? Nous croyons qu'il est facile de répondre, et un Socrate nous mettra aisément en contradiction avec nous-mêmes, nous prouvera que nous avons seulement l'illusion du savoir.

Tel était en effet le premier résultat, un résultat voulu, des interrogations de Socrate. Et comme il adressait de ces questions embarrassantes à tous ceux qui voulaient bien converser avec lui, il lui arriva souvent de se faire des ennemis d'interlocuteurs qui se croyaient sûrs d'eux-mêmes, et qu'il réduisait cependant au silence. C'était aussi le premier procédé de sa méthode, que l'on désigne sous le nom d'*ironie*. Il servait à purifier les esprits, à les purger de la fausse croyance qu'ils savent ce qu'en réalité ils ne savent pas, et c'est un grand progrès dans l'étude de toute science, ou du moins une condition nécessaire pour l'apprendre, que de se débarrasser ainsi de tous les préjugés, de se persuader qu'on ignore ce qu'on ignore en effet.

Mais c'est là une méthode toute négative et propre, si l'on s'y arrête, à engendrer le scepticisme. Socrate disait volontiers qu'il ne savait rien. Il était cependant très habile à faire naître dans l'esprit de ses auditeurs des connaissances certaines. A ceux que ce premier interrogatoire et la confusion qui en était la suite ne décourageaient pas, il adressait d'autres questions et les amenait par degrés à découvrir eux-mêmes la vérité. C'est le procédé que l'on a appelé la *maieutique,* ou l'art d'accoucher les esprits.

Cette vérité consistait en des définitions exactes. Xénophon nous dit[1] qu'il serait trop long de rapporter toutes ses définitions. Il en cite seulement quelques-unes, en indiquant de quelle manière il les obtenait. En voici un exemple: « Est-il permis de traiter les hommes comme on veut? — Non, mais celui qui connaît les lois qui règlent les rapports des hommes, se conduit avec les autres selon ces lois. — Ainsi ceux qui traitent les autres conformément à ces lois, les traitent comme il faut? — Sans doute. — Et ceux qui se traitent comme il faut, se traitent bien? — Certainement. — En se conduisant bien avec les hommes, on s'acquitte bien des choses humaines? — Il me semble. — Ceux qui obéissent aux lois pratiquent donc la justice? — Assurément. — Or sais-tu ce que l'on appelle la justice? — C'est ce que les lois ordonnent. — Ceux donc qui font ce que les lois prescrivent font ce qui est juste et ce qu'il faut faire? — Comment en serait-il autrement? — Et ceux qui font ce qui est juste, sont justes? — Je le crois. — Penses-tu qu'on puisse obéir aux lois sans savoir ce qu'elles commandent? — Je ne le crois

1. *Mém*, IV, 6, 1.

pas. — Et ceux qui savent ce qu'il faut faire, peuvent-ils penser à ne pas le faire? — Je ne le crois pas. — Connais-tu quelqu'un qui fasse autre chose que ce qu'il croit devoir faire? — Je ne connais personne de ce genre. — Ainsi, quand on connaît les lois qui règlent la conduite à tenir envers les hommes, on observe la justice? — Sans doute. — Et ceux qui observent la justice sont justes? — Pourrait-on l'être autrement? — Nous ferons donc une bonne définition, en définissant les hommes justes ceux qui *connaissent* les lois qui règlent la conduite à tenir envers les autres hommes? — Il me semble qu'on doit les définir ainsi[1]. »

Xénophon donne d'autres exemples semblables. Le dialogue est tout pareil, avec les seuls changements que comporte la variété des sujets, et aboutit toujours à la même définition : L'homme pieux est celui qui *connaît* le culte légitime, le sage est sage dans ce qu'il *connaît*, le courageux est celui qui *sait* tirer parti des circonstances périlleuses, et le lâche est celui qui l'*ignore*, etc.

Comme on le voit, la vertu se ramène toujours à *la science;* les vertus particulières sont la science de ce qu'il faut faire dans des occasions particulières; la vertu en général, sera la science du bien en général, et le bien [2], pour Socrate, comme le beau, se ramène, nous l'avons vu, à l'utile : « Une chose utile est un bien pour celui à qui elle est utile... l'utile est beau par rapport à l'usage pour lequel il est utile. »

Remarquons d'abord comment ces définitions identiques sont obtenues[3]. C'est au moyen de ce que l'on a

1. *Mém*, IV, 6, 5-6.
2. *Mém.*, IV, 6, 8 et 9. Τὸ ἄρα ὠφέλιμον ἀγαθόν ἐστιν, ὅτῳ ἂν ὠφέλιμον ᾖ,... τὸ χρήσιμον ἄρα καλόν ἐστι, πρὸς ὃ ἂν ᾖ χρήσιμον.
3. V. l'étude de M. Boutroux intitulée : *Socrate fondateur de la*

appelé l'induction socratique. Elle diffère de l'induction proprement dite en ce qu'elle a pour point de départ, non pas l'observation des faits extérieurs, mais les jugements que les hommes portent spontanément sur les actions humaines.

C'est dans les discours, dans l'expression de nos pensées plus ou moins confuses d'abord, que Socrate recueille la matière de son induction. De là ces entretiens, ces interrogations, qui obligent l'interlocuteur à s'observer lui-même, en quelque sorte, en s'écoutant parler, et à découvrir, avec l'aide de celui qui le questionne, ces notions fondamentales que les mots servent souvent à déguiser plutôt qu'à traduire.

Ailleurs l'analogie vient au secours de l'induction. Socrate, qui veut enseigner la science de bien vivre, ne peut pas prendre ses comparaisons dans une science étrangère qui n'existe pas encore. Il les prend dans les métiers, dans les arts proprement dits. Il demande à quelle condition l'on est un bon laboureur, un bon cordonnier, un bon bouvier, et partout la réponse est qu'il n'y a pas de réelle capacité sans un savoir approprié.

Est-il probable que l'art de vivre, le plus important de tous, puisse s'exercer sans apprentissage, et l'apprentissage lui même suffira-t-il, s'il ne consiste que dans la routine déjà reprochée aux élèves des sophistes ? Celui qui serait juste sans la connaissance des lois, brave sans la connaissance du parti à tirer des dangers, serait-il brave ou juste autrement que par rencontre ? ne serait-il pas exposé à devenir, tout aussi fortuitement, si les circonstances viennent à changer, injuste ou lâche.

Science morale. Sauf la forme polémique, c'est, il me semble, la vraie et définitive introduction aux *Mémorables* de Xénophon

Il faut donc substituer la science à la spontanéité, et cette science seule sera la vertu. Or la science, d'après Socrate, ne peut avoir pour objet que le général. La définition en est précisément l'expression.

« La définition socratique, comme le fait remarquer M. Boutroux, a ceci de particulier qu'elle ne se borne pas à donner des choses un signe distinctif : elle prétend énoncer la condition nécessaire et suffisante de leur existence. » On n'est pas vertueux si l'on n'a pas la science, et il suffit d'avoir cette science pour être vertueux; car les hommes n'agissent jamais autrement qu'ils ne croient devoir le faire.

Cette identification célèbre de la vertu et de la science n'implique pas la négation de la liberté. La question, comme l'ont agitée depuis les déterministes, ne se posait même pas au temps de Socrate. Elle est sortie d'une analyse raffinée dont on était encore fort éloigné. Socrate se borne à constater, sans l'approfondir, ce que l'on observe tous les jours, à savoir que les hommes ne font que ce qu'ils croient le meilleur. L'important est de leur apprendre en quoi consiste ce qui leur est véritablement utile, de leur en donner la science, et il n'y a pas de science possible sans un objet permanent.

On voit dès lors comment cette méthode réagit sur le contenu de la morale. Sans doute le bien et le beau se confondent avec l'utile, mais l'utile n'est plus ce qui plaît à l'individu et varie avec les goûts de chacun. L'utile, dont il s'agit ici, ne sera vraiment connu, et ne méritera d'être la fin de notre activité, qu'autant que nous aurons distingué ce qui, en nous, appartient à la nature humaine, à l'homme en général. Ainsi entendu, le précepte emprunté par Socrate au frontispice du temple de Delphes[1] : *Connais-toi toi-même*, prend sa vraie signification, et celui qui l'a adopté nous apparaît comme le premier qui ait conçu une morale scientifique.

Quelle que soit l'analogie de la formule : La vertu est une science, et de cette autre formule : Il faut faire le devoir par devoir, ou : Il faut agir de telle sorte que la maxime de notre action puisse devenir une règle universelle, plus de vingt siècles se seront écoulés avant que les recherches de Socrate soient reprises et poursuivies dans la même direction. C'est que rien ne nous paraît plus clair et n'est cependant plus obscur pour nous que ce qui nous est le plus familier. Les mots auxquels nous sommes le plus habitués nous dérobent souvent les idées qu'ils sont chargés d'exprimer. Mais nous avons bien autre chose à expliquer! Et lorsqu'un philosophe, comme Socrate ou Kant, veut pénétrer le mystère des « choses humaines » et nous enseigner simplement la science de bien vivre, une science que nous croyons trop connaître, semble-t-il, pour jamais l'apprendre, il a pour successeur un Platon ou un Hégel.

1. *Mém.,* IV, 2.

ANALYSE DU PREMIER LIVRE

DES

MÉMORABLES

CHAPITRE PREMIER

Xénophon s'est souvent étonné de la facilité avec laquelle les accusateurs de Socrate ont pu obtenir des Athéniens une condamnation à mort. Ils l'accusaient de ne pas croire aux dieux reconnus par la cité, d'introduire des divinités nouvelles, et, en second lieu, de corrompre la jeunesse.

Socrate honorait les dieux, il se conformait à toutes les prescriptions religieuses, il recourait à la divination. Son démon, dont on a tant parlé, n'était pas une divinité nouvelle. C'était une manifestation des dieux pour lui indiquer, dans certains cas, ce qu'il devait faire; mais il ne croyait pas qu'il fût sage de consulter les dieux à tout propos. Il distinguait les choses que nous pouvons connaître par notre seule raison et celles dont les dieux se sont réservé la connaissance. C'est sur ces dernières seules qu'il est permis de les interroger.

Sa vie n'avait rien de caché; il discourait en public. Il ne traitait pas, comme ses devanciers, de la nature des choses, de ces questions de physique qui ont enfanté tant de contradictions; il se bornait à rechercher ce qui intéresse directement les hommes, il examinait ce qui est pieux ou impie, juste ou injuste, enfin tout ce dont la connaissance contribue à rendre l'homme vertueux.

Il ne consentit jamais à commettre aucune injustice, car il était persuadé que les dieux voient toutes nos actions et connaissent toutes nos pensées. De là sa résistance au peuple dans l'affaire des Arginuses.

Enfin, il n'y avait pas d'homme plus pieux que Socrate.

CHAPITRE II

Comment a-t-on pu dire qu'il corrompait la jeunesse? Il était lui-même un modèle de tempérance et de sobriété. Ses exemples et ses discours s'accordaient pour inspirer à ses disciples l'amour de toutes les vertus. Il leur apprenait aussi le respect des lois et les détournait de toute action violente.

Mais il aurait dû, dit-on, n'enseigner la politique à ses amis qu'après leur avoir appris à se gouverner eux-mêmes. On fait ainsi allusion à Alcibiade et à Critias, qui ont causé tant de mal à leur pays et qui avaient suivi pendant quelque temps les leçons de Socrate. Mais Critias et Alcibiade se sont bien conduits tout le temps qu'ils l'ont fréquenté. Ils se sont corrompus ensuite, et il n'est pas juste d'en faire retomber la responsabilité sur leur maître qui a toujours pratiqué la sagesse. Il n'a jamais hésité non plus à condamner le mal. Il l'a bien prouvé par ses rapports avec Critias devenu maître d'Athènes. Alcibiade et Critias ne s'étaient attachés à lui que par intérêt, pour devenir d'habiles orateurs. Un entretien de Périclès et d'Alcibiade fait bien voir quelles étaient les dispositions de ce dernier. Ils n'aimaient Socrate ni l'un ni l'autre; ils ne pouvaient donc profiter de ses leçons comme ceux qui lui sont restés fidèles jusqu'à la fin.

On lui a encore reproché d'inspirer aux enfants du mépris pour leurs pères et de troubler les relations de famille. C'est une erreur. Il voulait seulement que ces relations fussent autre chose que des relations tout extérieures et fondées simplement sur le hasard de la naissance. Il prétendait en augmenter la valeur morale en les faisant reposer sur des sentiments d'estime et de sympathie mutuelles.

Il n'a pas choisi non plus, dans les meilleurs poètes, comme on l'a prétendu, les passages les plus dangereux pour prêcher, avec le secours de ces autorités, le crime et la violence. Il interprétait ces passages tout autrement que ne le disent ses accusateurs, et il n'a jamais fait que du bien, avec la plus grande libéralité, à tous ceux qui ont été en relation avec lui.

Enfin les accusations qui ont suffi pour faire condamner Socrate sont également fausses l'une et l'autre. Il méritait, non pas la mort, mais les plus grands honneurs.

CHAPITRE III

Xénophon va rapporter maintenant, autant qu'il pourra s'en souvenir, les pensées et les entretiens de Socrate, pour prouver que, loin d'avoir corrompu la jeunesse, il lui a rendu les plus grands services.

Relativement au culte, il recommandait à ses disciples de se conformer, suivant le mot de la Pythie, aux lois de leur pays, pour honorer les dieux, de s'en rapporter à eux pour les biens à obtenir, d'éviter les prières indiscrètes, et de ne pas croire que la divinité préfère les grandes victimes aux petites. Que dans ses offrandes chacun consulte ses ressources.

Il était d'une telle sobriété que tous ceux qui adopteraient son régime seraient assurés de vivre sans inquiétude et sans danger, avec peu de dépense, et sans avoir beaucoup à travailler pour gagner ce qui serait nécessaire à ce genre de vie.

CHAPITRE IV

Dans un entretien avec Aristodème, il démontre l'existence et la providence des dieux en s'appuyant sur l'argument des causes finales. La structure du corps humain, l'intelligence de l'homme nous prouvent qu'il y a une intelligence infinie, et cette intelligence se manifeste par des prodiges. Il faut donc ne jamais oublier que Dieu connaît toutes nos actions, même les plus secrètes, et se garder de l'impiété et du vice.

CHAPITRE V

La tempérance est la condition de toutes les vertus. Socrate ne se contentait pas de le démontrer en paroles, comme

il le faisait dans cet entretien, où il demande si nous choisi-
rions pour général, pour intendant ou pour ami un homme
intempérant; il donnait aussi l'exemple de la modération et
du désintéressement qui servent à assurer notre indépendance.

CHAPITRE VI

Socrate réfute le sophiste Antiphon qui le croyait malheureux, ainsi que ceux qui suivent son exemple, de mener une
vie si frugale. C'est au contraire le moyen de se rapprocher
de la perfection et du bonheur des dieux qui n'ont pas de
besoins.

Le même Antiphon lui reprochait de n'être pas un vrai
sage, puisqu'il estimait lui-même ses leçons d'assez peu de
prix pour ne pas les faire payer. Il lui répond que le véritable
amour de la sagesse fait naître entre le maître et l'élève des
relations d'affection et de reconnaissance où ne saurait en-
trer, sans les corrompre, la préoccupation d'un salaire.

Enfin, il réplique au même interlocuteur, dans une autre
circonstance, qu'il aime mieux former aux affaires le plus
grand nombre possible de jeunes gens que de s'occuper lui-
même de politique.

CHAPITRE VII

Il s'appliquait à détourner ses disciples de la présomption.
Le véritable moyen d'obtenir de la gloire est de la mériter,
d'être ce que l'on veut paraître. Ceux qui n'ont qu'une vanité
prétentieuse, sans aucune qualité réelle, finissent toujours
par être démasqués et s'attirent les railleries. Ils peuvent
aussi causer la perte des autres.

ANALYSE SOMMAIRE

DES

TROIS DERNIERS LIVRES

LIVRE II

Socrate soutient contre Aristippe de Cyrène que la tempérance vaut mieux que la volupté pour nous assurer le bonheur et l'indépendance. Il lui rapporte la belle allégorie dans laquelle le sage Prodicus montre Hercule encore incertain entre la mollesse et la vertu.

Il reproche à son fils Lamproclès de n'avoir pas pour sa mère tout le respect qu'il lui doit. Il rappelle tous les bienfaits dont elle l'a comblé et le menace de la colère des dieux, du mépris des honnêtes gens.

Deux frères, Chérécrate et Chéréphon, s'étaient brouillés; il exhorte le premier à faire tous ses efforts pour mettre fin à cette discorde.

Il fait l'éloge de l'amitié; il indique à quelles conditions on gardera ses amis et comment, après avoir consulté les dieux, il faut les choisir et les gagner; il montre tous les avantages que nous assure l'affection des honnêtes gens.

Aristarque, un jour que la sédition avait forcé un grand nombre de citoyens à se réfugier au Pirée, avait à sa charge des sœurs, des nièces, des cousines, en tout quatorze personnes de condition libre, et ne savait comment subvenir à leurs besoins. Socrate lui persuade de les employer à des travaux manuels, en lui montrant que ceux qui exercent une industrie utile ne s'avilissent pas pour cela.

A Euthère, à Criton, à Diodore, dans des circonstances

différentes, il donne des conseils appropriés à leur situation
et pleins de sagesse.

LIVRE III

Un jeune homme a pris des leçons du sophiste Dionysodore
qui prétend enseigner a commander les armées, et il les a
bien payées. Socrate lui montre tout ce que, après ses leçons,
il aurait encore a apprendre.

Un citoyen venait d'être nommé général. Il lui fait comprendre que son devoir est de rendre heureux ceux qui l'ont
élu. Un maître de cavalerie doit mettre ses soins à améliorer
les chevaux aussi bien que les hommes. Pour se faire bien
obéir, il lui suffira de prouver qu'il est supérieur à ceux qu'il
commande. Un bon économe ferait un très bon chef d'armée.
Pour les peuples comme pour les individus, c'est la vertu
qui est la condition du succès.

Glaucon ne doit pas s'occuper des affaires publiques, tant
qu'il ne sera pas plus instruit. Charmide, au contraire, est
assez savant, mais trop timide. Qu'il songe au peu de valeur
des éléments qui composent une multitude et s'enhardisse à
parler en public.

Aristippe essaie d'embarrasser Socrate par des questions
sur le bien et le beau. Celui-ci lui montre que le bien et le
beau sont identiques, que même un panier aux ordures peut
être beau, qu'une maison ne sera belle qu'autant qu'elle sera
commode et bien disposée

Suivent des pensées diverses sur le courage, sur la folie
qu'il y a à croire que l'on sait ce que l'on ignore, sur la sot-
tise des envieux, sur les vrais caractères du bon roi, du bon
laboureur, du bon médecin; ils ne méritent d'être ainsi
appelés que s'ils ont la science de leur profession ou de
leur art.

Socrate s'entretient avec des artistes, le peintre Parrhasius,
le statuaire Cliton, Pistias l'armurier; c'est à leur science
qu'ils doivent de faire de beaux tableaux, de belles statues

ou de belles armures. Mais la plus noble occupation est de bien faire; nous devons acquérir la science du bien. Nous ne négligerons pas pour cela de développer par la gymnastique la santé et la force du corps.

Quelques mots remarquables de Socrate terminent ce troisième livre.

LIVRE IV

Socrate ne traitait pas tous ses auditeurs de la même manière : il tenait compte de leurs caractères; mais il les engageait tous à suivre les voies de la vertu.

Euthydème affecte longtemps de se tenir à l'écart. Dans un premier entretien, il est forcé de reconnaître toute la vanité des connaissances qu'il croyait avoir acquises. Mais il ne se rebute pas pour cela; il s'attache au contraire au maître qui cessa alors de le tourmenter, et qui prit plaisir à lui apprendre tout ce qu'il est nécessaire de savoir.

Socrate lui apprend que les dieux s'occupent des hommes et qu'il faut les honorer pour obtenir d'eux des bienfaits. Dans une sorte de digression, il discute avec le sophiste Hippias, sur la nature de la justice qu'il ramène au respect des lois humaines et divines. Il revient à Euthydème et lui démontre qu'il faut être tempérant pour être libre, pour être heureux, pour pouvoir même rechercher ce qu'il y a de bien en toutes choses, choisir les bonnes et rejeter les mauvaises, étudier enfin la dialectique et arriver à la science morale.

Xénophon nous donne alors quelques exemples des définitions de Socrate et de la manière dont il les obtenait. Le sixième chapitre de ce dernier livre est ainsi tout entier consacré à la méthode, et le septième sert à marquer très nettement les limites de ce que les hommes doivent étudier.

Dans l'épilogue, qui est formé du huitième et dernier chapitre, nous trouvons les raisons qui ont décidé Socrate à ne pas se défendre contre ses accusateurs. Son démon ne s'est pas manifesté pour condamner son indifférence, son refus de rien faire pour se sauver. Il avait fourni une si grande partie de sa carrière que sa condamnation n'a guère devancé le terme naturel de ses jours et elle l'a preservé de toutes les infirmités de la vieillesse. Les dieux ont sans doute jugé avantageux pour lui qu'il ne vécût pas davantage.

Xénophon finit son ouvrage par un pieux éloge de son maître, et il ajoute : « Tel m'a paru Socrate, le meilleur, le plus heureux des hommes. Que ceux qui ne partagent point mon opinion comparent les mœurs de Socrate à celles des autres, et qu'ils jugent! »

Je me suis servi pour ce travail des editions de L. Dindorf, Oxford, 1862, de L. Breitenbach, Berlin, 1878, de R. Kuhner, Leipzig. 1882, de M. Seyffert, Leipzig, 1883. J'ai suivi, sauf quelques modifications quand je l'ai cru avantageux, le texte de L. Dindorf.

Dans les notes, je renvoie, toutes les fois que je le crois utile, à deux ouvrages aujourd'hui classiques : la *Grammaire grecque* de Curtius, traduite par M. P. Clairin, et la *Syntaxe de la langue grecque* de Madvig, traduite par M. l'abbé Hamant.

XÉNOPHON

MÉMORABLES

LIVRE PREMIER

CHAPITRE PREMIER

**Socrate a toujours honoré les dieux d'Athènes
et n'a pas introduit de divinités nouvelles**

Xénophon rappelle les deux chefs d'accusation
qui ont suffi à faire condamner Socrate.

1. Πολλάκις ἐθαύμασα τίσι ποτὲ λόγοις[1] Ἀθηναίους[2]

1. Τίσι ποτὲ λόγοις, *quibus tandem argumentis.* Les mots τίς, ποῖος, πόσος, πῶς, etc , sont des formes d'interrogation directe que l'on emploie indifféremment dans les interrogations indirectes, comme ici, à la place des mots ὅςτις, ὁποῖος, ὁπόσος, ὅπως, etc. (V. Curtius, *Grammaire grecque,* trad. Chaťin, § 475 *bis* et 609.) Quelques commentateurs trouvent cependant que ces formes donnent plus de vivacité à l'interrogation indirecte. (V. Madvig, *Synt. grecque,* trad. Hamant, § 198, b.) D'ailleurs, si Xénophon, absent d'Athènes au moment du procès de Socrate, en était réduit aux témoignages d'autrui, les mots τίσι ποτέ ne signifient pas qu'il ignorât la teneur de l'acte d'accusation, mais qu'il s'étonnait que les Athéniens aient pu, sur des motifs si insuffisants et si faciles à réfuter, prononcer un si grave jugement.

2. Ἀθηναίους. A Athènes tout citoyen pouvait être jugé à partir

ἔπεισαν οἱ γραψάμενοι ¹ Σωκράτην ὡς ἄξιος εἴη θανάτου τῇ
πόλει ². Ἡ μὲν ³ γὰρ γραφὴ κατ' αὐτοῦ τοιάδε τις ἦν ⁴· ἀδικεῖ
Σωκράτης οὓς μὲν ἡ πόλις νομίζει θεοὺς οὐ νομίζων ⁵,

de trente ans. Aussi disait-on ordinairement, dans les tribunaux,
en s'adressant aux juges : Ὦ ἄνδρες Ἀθηναῖοι, au lieu de : ὦ ἄνδρες
δικασταί. Il semble que Xenophon, en preférant ici le mot Ἀθηναίους au mot δικαστάς, ait voulu en outre faire entendre que le
crime de la condamnation de Socrate retombait sur toute la ville
d'Athènes.

1. Ἔπεισαν οἱ γραψάμενοι. Les accusateurs, Meletus, Anytus et
Lycon. V. l'Introduction. — L'aoriste indicatif ἔπεισαν, qui n'exprime
pas regulièrement la relation de la proposition accessoire, donne
plus de vivacité au discours. Il aurait fallu autrement l'optatif. V.
Madv., § 130, b.

2. Ἄξιος — τῇ πόλει. V. pour ce datif, qui exprime, comme en latin,
la personne pour laquelle, dans l'interét de laquelle quelque chose
est ou se fait, Curt., § 431 ; Madv., § 34.

3. Ἡ μέν. La particule μέν est ici employee seule, c'est-à-dire
sans sa contre-partie ordinaire, δέ. C'est que l'auteur (V. Madv.,
§ 188, rem. 5) sous-entend une pensee dont l'expression con-
tiendrait cette particule δέ, et l'emploi de μέν prouve qu'il a en
effet cette pensée presente à l'esprit. Ici, la pensée sous-entendue
doit être : « or on verra par la suite ce que vaut cette accusation. »

4. Ἡ μὲν γὰρ γραφὴ κατ' αὐτοῦ τοιάδε τις ἦν. Il faut rapprocher les
mots κατ' αὐτοῦ ἦν, faire de κατ' αυτοῦ le complement de ἦν
equivalent ici à ἐγράφετο, et non le complement de ἡ γραφή, car il
faudrait alors repeter l'article devant κατ' αὐτοῦ. (V. Madv., § 9,
et Curt., § 386) — Τοιάδε τις ἦν, haec fere erat. Τις après τοιάδε indique
que l'auteur se préoccupe de rapporter le sens plus que les termes
mêmes de l'accusation. Il n'est pas douteux cependant que le texte
en est donne ici très exactement dans l'ensemble. Phavorinus,
dans Diogène de Laërte, II, 40, le donne dans les mêmes termes,
en remplaçant seulement εἰσφέρων par εἰσηγούμενος. Dans l'Apologie
de Platon, ce sont les mêmes chefs d'accusation, mais presentes
dans l'ordre inverse. Platon previent, lui aussi, le lecteur qu'il ne
les donne que par à peu pres (ἔχει δὲ πως ὧδε).

5. Θεοὺς οὐ νομίζων. Νομίζειν θεούς, honorer les dieux en se
conformant aux usages, aux règles établies (νομος), tandis que
ἡγεῖσθαι θεούς voudrait dire simplement croire à l'existence des
dieux

ἕτερα δὲ καινὰ δαιμόνια εἰσφέρων· ἀδικεῖ δὲ καὶ [1] τοὺς νέους διαφθείρων.

Socrate honorait les dieux; il recourait à la divination. Sa croyance à son démon s'accordait avec ces pratiques. Mais il ne pensait pas qu'il fût sage de demander aux dieux ce que nous pouvons découvrir avec notre seule raison.

2. Πρῶτον μὲν [2] οὖν ὡς οὐκ ἐνόμιζεν οὓς ἡ πόλις νομίζει θεοὺς ποίῳ ποτ' [3] ἐχρήσαντο τεκμηρίῳ; Θύων τε γὰρ φανερὸς ἦν πολλάκις μὲν οἴκοι [4], πολλάκις δὲ ἐπὶ τῶν κοινῶν τῆς πόλεως βωμῶν [5], καὶ μαντικῇ χρώμενος οὐκ ἀφανὴς ἦν· διετεθρύλητο γὰρ [6] ὡς φαίη Σωκράτης τὸ δαιμόνιον [7]

1. Ἀδικεῖ — ἀδικεῖ δὲ καί. La répétition du même mot semblerait exiger que le premier ἀδικεῖ fût suivi de μέν. Mais il est très ordinaire de supprimer μέν quand il y a dans le second membre de phrase δὲ καί au lieu de δέ. (V. Madv., § 188, rem. 3.)

2. Πρῶτον μέν. Le premier chapitre est consacré à la réfutation de la première accusation portée contre Socrate. Il s'occupe de la seconde dans le second chapitre, dont le commencement répond à ce πρῶτον μέν.

3. Ποίῳ ποτέ comme plus haut τ'σι ποτέ. La principale preuve donnée par les accusateurs est ce δαιμόνιον dont il va être question, et Xenophon s'étonne qu'ils aient pu tromper ainsi les juges.

4. Οἴκοι, ou plutôt ἐν αὐλῇ, dans la cour de la maison. V. Platon, *Rép.*, I, 328, C: Τεθυκὼς γὰρ ἐτύγχανεν ἐν τῇ αὐλῇ. Les Grecs élevaient dans la cour de leur maison les autels domestiques et en particulier celui de Ζεὺς Ἑρκεῖος, comme les Romains dans le *compluvium*.

5. Τῶν κοινῶν — βωμῶν Ces autels étaient placés en plein air; ceux des temples étaient devant les temples, de telle sorte que l'on voyait ceux qui offraient des sacrifices.

6. Διετεθρύλητο γάρ, *pervulgatum erat*. Γάρ indique que c'est en parlant de la divination que Xenophon a pensé à parler du démon de Socrate. Pour l'usage du plus que parfait διετεθρύλητο et de l'optatif φαίη, V. Madv., § 114 et § 130.

7. Δαιμόνιον, adjectif pris substantivement. Cic., *de Divin.* I, 54 :

ἑαυτῷ σημαίνειν· ὅθεν δὴ καὶ μάλιστά μοι δοκοῦσιν αὐτὸν
αἰτιάσασθαι καινὰ δαιμόνια εἰσφέρειν [1]. 3. Ὁ δ' οὐδὲν καινότερον εἰσέφερε τῶν ἄλλων [2], ὅσοι μαντικὴν νομίζοντες [3]
οἰωνοῖς τε χρῶνται καὶ φήμαις καὶ συμβόλοις καὶ θυσίαις [4].
Οὗτοί τε γὰρ ὑπολαμβάνουσιν οὐ τοὺς ὄρνιθς οὐδὲ τοὺς
ἀπαντῶντας εἰδέναι τὰ συμφέροντα τοῖς μαντευομένοις,
ἀλλὰ τοὺς θεοὺς διὰ τούτων αὐτὰ σημαίνειν, κἀκεῖνος δὲ [5]
οὕτως ἐνόμιζεν. 4. Ἀλλ' οἱ μὲν πλεῖστοί φασιν [6] ὑπό τε
τῶν ὀρνίθων καὶ τῶν ἀπαντόντων ἀποτρέπεσθαί τε καὶ

Divinum quoddam, quod dæmonium appellat. Pour le demon de
Socrate, V. l'Introduction.

1. Ὅθεν δὴ καὶ μαλιστα — αὐτὸν αἰτιάσασθαι καινὰ δαιμόνια εἰσφέρειν. C'est précisement pour cela. — Μάλιστα indique que les accusateurs ont dû profiter aussi d'autres expressions de Socrate ; mais
c'est surtout parce qu'il parlait d'*un* demon, d'une divinite, qu'ils
l'ont accuse d'avoir introduit des divinites nouvelles, allant, sans
scrupule, du singulier au pluriel. Sur le sens de l'infinitif aoriste,
αἰτιάσασθαι, V. Madv., § 172.

2. Οὐδὲν καινότερον εἰσέφερε τῶν ἄλλων. Genitif de la personne,
tandis que ce sont des choses que l'on compare. Abréviation pour
τούτων (ou ἢ ταῦτα), ἃ οἱ ἄλλοι ἐποίουν.

3. Νομίζοντες, comme plus haut νομίζων. *Divinationem professi,*
la reconnaissant comme consacree par les usages ou les lois, et y
recourant.

4. Οἰωνοῖς τε χρῶνται καὶ φήμαις καὶ συμβόλοις καὶ θυσίαις Ce sont
les principales sortes de presages, le vol et le chant des oiseaux
(οἰωνοῖς), la voix humaine (φήμαις), les faits fortuits (συμβόλοις de
συμβάλλειν), et en particulier les rencontres dues au hasard, d'ou,
un peu plus bas, l'expression τοὺς ἀπαντῶντας, enfin les indications
fournies par les entrailles des victimes dans les sacrifices (θυσίαις).

5. Κἀκεῖνος δε. Καὶ — δέ equivaut à *atque etiam*. La relation entre
οὗτοί τε et ἐκεῖνος est ainsi marquee plus fortement que par κἀκεῖνος
tout seul. Socrate pensait absolument comme tout le monde sur la
valeur des presages, au rang desquels seulement il mettait les
avis de son demon. Pour lui, cette voix interieure etait un signe
qui venait des dieux, comme les signes exterieurs.

6. Ἀλλ' οἱ μὲν πλεῖστοί φασιν,... Σωκράτης δε. Tandis que la plupart des hommes disent expressement .. Socrate, etc. *cum... tum.*

προτρέπεσθαι[1]. Σωκράτης δ' ὥσπερ ἐγίγνωσκεν, οὕτως
ἔλεγε· τὸ δαιμόνιον γὰρ ἔφη σημαίνειν. Καὶ πολλοῖς τῶν
συνόντων [2] προηγόρευε τὰ μὲν ποιεῖν, τὰ δὲ μὴ ποιεῖν[3],
ὡς τοῦ δαιμονίου προσημαίνοντος[4]. Καὶ τοῖς μὲν πειθομένοις αὐτῷ συνέφερε, τοῖς δὲ μὴ πειθομένοις[5] μετέμελε.
5. Καίτοι[6] τίς οὐκ ἂν ὁμολογήσειεν αὐτὸν βούλεσθαι μήτ'
ἠλίθιον μήτ' ἀλαζόνα φαίνεσθαι τοῖς συνοῦσιν; ἐδόκει δ' ἂν[7]
ἀμφότερα ταῦτα[8], εἰ προαγορεύων ὡς ὑπὸ θεοῦ φαινόμενα
ψευδόμενος ἐφαίνετο. Δῆλον οὖν ὅτι οὐκ ἂν προύλεγεν[9],

1. Ἀποτρέπεσθαί τε καὶ προτρέπεσθαι, deterrei i et impelli.

2. Τῶν συνόντων. Dindorf, dans sa preface de l'*Anabase*, p. viii,
remarque que Xenophon evite la forme attique ξυν. Ceux qui etaient
avec lui, ses amis, et non pas les *disciples* (μαθηταί) de Socrate,
qui ne voulait pas plus avoir des disciples que s'appeler lui-même
un *mailre* (διδάσκαλος). V. plus bas, chap. II, 3.

3. Τά μὲν ποιεῖν, τὰ δέ μὴ ποιεῖν. D'après Platon, *Apologie*, p. 31,
D., jamais le demon de Socrate ne le poussait à agir. Il se contentait de le detourner de faire ceci ou cela : προτρέπει δὲ οὔποτε. Mais
Xenophon n'est pas en desaccord avec Platon, Socrate ayant dû
considérer comme une approbation, tout au moins, le silence de
son démon.

4. Ὡς τοῦ δαιμονίου προσημαίνοντος. Ὡς et ὥσπερ, construits avec
le participe, indiquent que l'auteur exprime l'opinion du sujet
principal (ici Socrate), que cette opinion soit vraie ou fausse.
V. Curt., § 588.

5. Τοῖς δὲ μὴ πειθομένοις, si qui parebant... sin minus. Cette forme
conditionnelle est indiquee par l'emploi de μή.

6. Καίτοι, atqui, et non pas quanquam.

7. Ἐδόκει δ'ἂν —, εἰ — ἐφαίνετο. On emploie quelquefois dans
les deux propositions, ou dans l'une des deux seulement, l'imparfait
au lieu de l'aoriste, en parlant de faits passes, pour indiquer un
état passe ou une suite d'actions. (V. Madv., § 117, rem. 1.) On
pourrait dire aussi que Xenophon se reporte par la pensee au
temps ou vivait Socrate. De même plus bas : οὐκ ἂν προύλεγεν,
et au deuxième chapitre, 28, 29.

8. Ἀμφότερα ταῦτα, c'est-à-dire εἶναι ἠλίθιος καὶ ἀλαζών.

9. Προύλεγεν, et non προελεγεν, comme le veulent la plupart des

εἰ μὴ ἐπίστευεν ἀληθεύσειν. Ταῦτα ¹ δὲ τίς ἂν ἄλλῳ
πιστεύσειεν ἢ Θεῷ; πιστεύων δὲ θεοῖς πῶς οὐκ εἶναι θεοὺς
ἐνόμιζεν ²; 6. Ἀλλὰ μὴν ³ ἐποίει καὶ τάδε πρὸς τοὺς ἐπιτη-
δείους. Τὰ μὲν γὰρ ἀναγκαῖα ⁴ συνεβούλευε καὶ πράττειν ⁵,
ὡς ἐνόμιζεν ἄριστ' ἂν πραχθῆναι· περὶ δὲ τῶν ἀδήλων
ὅπως ἀποβήσοιτο ⁶ μαντευσομένους ἔπεμπεν, εἰ ποιητέα.
7. Καὶ τοὺς μέλλοντας οἴκους τε καὶ πόλεις καλῶς οἰκήσειν ⁷
μαντικῆς ἔφη προσδεῖσθαι· τεκτονικὸν μὲν γὰρ ⁸ ἢ χαλ-
κευτικὸν ἢ γεωργικὸν ἢ ἀνθρώπων ἀρχικὸν ἢ τῶν τοιούτων
ἔργων ἐξεταστικὸν ἢ λογιστικὸν ἢ οἰκονομικὸν ἢ στρατη-
γικὸν γενέσθαι, πάντα τὰ τοιαῦτα μαθητὰ καὶ ἀνθρώπου

editeurs. Dindorf a etabli dans sa pref. à la *Cyropœdie* que Xénophon emploie toujours la première de ces formes.

1. Ταῦτα, à savoir τὸ ἀληθεύσειν.

2. Οὐκ εἶναι θεοὺς ἐνόμιζεν. L'accusation reprochait seulement à
Socrate de ne pas croire aux dieux d'Athènes : οὓς μὲν ἡ πόλις νομίζει θεοὺς οὐ νομίζων. Xenophon le justifie du reproche de n'avoir
pas cru aux dieux en general. Le raisonnement n'est pas très serié.
Platon, dans l'*Apologie de Socrate*, distingue mieux ces deux accusations possibles et les refute séparement. L'absence de ἂν, après
πῶς οὐκ, donne plus de vivacite a l'interrogation. V. Madv., § 139.

3. Ἀλλὰ μὴν, *jam vero*, pour annoncer un nouvel argument.

4. Τὰ μὴ γὰρ ἀναγκαῖα, les choses qu'il faut faire necessairement,
quel que puisse en être le resultat. — γὰρ, après τάδε equivaut à :
par exemple, en particulier.

5. Καὶ πράττειν. Bessarion traduit : *dicere ac agere.* Mais il faut
plutôt voir ici l'idiotisme grec qui consiste à mettre καὶ, lorsqu'il y
a une comparaison, dans une des deux propositions relatives : ὡς
ἐνόμιζεν ἄριστ' ἂν πραχθῆναι (*agi posse*), συνεβούλευε καὶ πράττειν
(*suadebat ut ita agerent*). V. plus bas, chapitre VI, 3.

6. Ἀδήλων ὅπως ἀποβήσοιτο, les choses dont l'issue etait incer-
taine. Voir à ce sujet, dans l'Introduction, le conseil que Socrate
donne à Xenophon avant son départ pour l'Asie

7. Καὶ τοὺς μέλλοντας; — καλῶς οἰκήσειν Καὶ indique ici le passage
à un exemple pour expliquer ce qui precede · *Atque qui rellent...
admmistrare.*

8. Μὲν γὰρ, il est vrai.

γνώμη¹ αἱρετὰ ἐνόμιζεν εἶναι. 8. Τὰ δὲ μέγιστα τῶν ἐν τούτοις² ἔφη τοὺς θεοὺς ἑαυτοῖς καταλείπεσθαι, ὧν οὐδὲν δῆλον εἶναι ³ τοῖς ἀνθρώποις. Οὔτε γὰρ τῷ καλῶς ἀγρὸν φυτευσαμένῳ δῆλον ὅστις καρπώσεται, οὔτε τῷ καλῶς οἰκίαν οἰκοδομησαμένῳ δῆλον ὅστις ἐνοικήσει, οὔτε τῷ στρατηγικῷ δῆλον εἰ συμφέρει στρατηγεῖν, οὔτε τῷ πολιτικῷ δῆλον εἰ συμφέρει τῆς πόλεως προστατεῖν, οὔτε τῷ καλὴν γήμαντι, ἵν' εὐφραίνηται, δῆλον εἰ διὰ ταύτην ἀνιάσεται⁴, οὔτε τῷ δυνατοὺς ἐν τῇ πόλει κηδεστὰς λαβόντι δῆλον εἰ διὰ τούτους στερήσεται τῆς πόλεως. 9. Τοὺς δὲ μηδὲν τῶν τοιούτων οἰομένους εἶναι δαιμόνιον, ἀλλὰ πάντα τῆς ἀνθρωπίνης γνώμης, δαιμονᾶν ἔφη⁵· δαιμονᾶν δὲ καὶ τοὺς μαντευομένους ἃ τοῖς ἀνθρώποις ἔδωκαν οἱ θεοὶ μαθοῦσι διακρίνειν, οἷον εἴ τις ἐπερωτῴη πότερον ἐπιστάμενον ἡνιοχεῖν ἐπὶ ζεῦγος λαβεῖν κρεῖττον ἢ μὴ ἐπιστάμενον, ἢ πότερον ἐπιστάμενον κυβερνᾶν ἐπὶ τὴν ναῦν⁶ κρεῖττον λαβεῖν ἢ μὴ ἐπιστάμενον, ἢ ἃ ἔξεστιν ἀριθμήσαντας⁷ ἢ μετρήσαντας ἢ

1. Ἀνθρώπου γνώμη, par opposition à θεῶν γνώμη.

2. Τα δὲ μεγιστα τῶν ἐν τούτοις, à savoir les conséquences, les résultats de l'application de ces arts ou de ces sciences.

3. Δῆλον εἶναι. Sur cet emploi de la proposition infinitive dans une proposition subordonnée, V. Curt , § 566, a, rem. 4.

4. Δῆλον, εἰ ἀνιάσεται. Εἰ, ici, doit se traduire par si — ne. Cf. lat. haud cei tum an. V. Curt., § 610, rem. 1. Le futur moyen ἀνιάσεται doit être pris ici dans le sens passif. V. Curt., § 266, comme plus bas στερήσεται.

5. Δαιμόνιον — δαιμονᾶν. Il y a là une opposition, une sorte de jeu de mots, qui ne peut se rendre en français.

6. Ἐπὶ ζεῦγος — ἐπὶ τὴν ναῦν. L'addition de l'article dans le second cas donne plus de précision à la pensée : in navem, quam quis habet.

7. Ἢ ἃ ἔξεστιν ἀριθμήσαντας, choses qu'on peut savoir en comptant, etc. Sur ce participe à l'accusatif, alors que le verbe qui gouverne l'infinitif (ἔξεστιν — εἰδέναι) ne met pas ce dernier grammaticalement en relation avec un sujet déterminé, V. Madv., § 158.

στήσαντας εἰδέναι, τοὺς τὰ τοιαῦτα παρὰ τῶν θεῶν
πυνθανομένους ἀθέμιτα ποιεῖν ἡγεῖτο. Ἔφη δὲ δεῖν ἃ μὲν
μαθόντας ποιεῖν ἔδωκαν οἱ θεοὶ μανθάνειν, ἃ δὲ μὴ δῆλα
τοῖς ἀνθρώποις ἐστὶ πειρᾶσθαι διὰ μαντικῆς παρὰ τῶν θεῶν
πυνθάνεσθαι· τοὺς θεοὺς γὰρ οἷς ἂν ὦσιν ἵλεῳ[1] σημαίνειν.

La vie de Socrate était publique. C'est en public qu'il ensei-
gnait, et jamais on n'a entendu de sa bouche une parole
impie. C'est qu'il ne s'occupait pas, comme les autres philosophes, des questions relatives à la divinité ou à l'univers, mais seulement de ce qui pouvait servir à rendre
l'homme meilleur.

10. Ἀλλὰ μὴν[2] ἐκεῖνός γε ἀεὶ μὲν ἦν ἐν[3] τῷ φανερῷ·
πρῴ[4] τε γὰρ εἰς τοὺς περιπάτους[5] καὶ τὰ γυμνάσια ᾔει καὶ
πληθούσης ἀγορᾶς ἐκεῖ φανερὸς ἦν[6], καὶ τὸ λοιπὸν ἀεὶ
τῆς ἡμέρας ἦν ὅπου πλείστοις μέλλοι[7] συνέσεσθαι· καὶ
ἔλεγε μὲν ὡς τὸ πολύ[8], τοῖς δὲ βουλομένοις ἐξῆν ἀκούειν.

1. Οἷς ἂν ὦσιν ἵλεῳ. Socrate répondait ainsi à ceux qui se plai-
gnaient que l'avenir ne fût pas révélé également à tous les hommes
par des signes divins : « Castus animus puriusque vigilantis et ad
astrorum et ad avium reliquorumque signorum et ad extorum veri-
tatem est paratior. » Cic., De div., loc. cit.
2. Ἀλλὰ μήν. V. p. 44, note 3.
3. Ἀεὶ μὲν ἦν. A ce μέν répond le δέ du § 11 : οὐδεὶς δέ.
4. Πρῴ, att. pour πρωΐ Le jour athénien se divisait en quatre
parties (ὧραι) : ὄρθρον, ou πρωΐ, πλήθουσα ἀγορά, le moment où il
y avait le plus de monde sur la place publique (entre 10 h. et midi),
μεσημβρία et δείλη
5. Περιπάτους, lieux de promenade, principalement les portiques.
6. Φανερὸς ἦν, comme ἐν τῷ φανερῷ.
7. Ὅπου — μέλλοι, ubi plurimorum consuetudine usurus erat;
c'était du moins son intention.
8. Ὡς τὸ πολύ, plerumque.

11. Οὐδεὶς δὲ πώποτε Σωκράτους οὐδὲν ἀσεβὲς οὐδὲ ἀνόσιον οὔτε πράττοντος εἶδεν οὔτε λέγοντος ἤκουσεν[1]. Οὐδὲ γὰρ περὶ τῆς τῶν πάντων φύσεως ἧπερ τῶν ἄλλων οἱ πλεῖστοι[2] διελέγετο σκοπῶν ὅπως ὁ καλούμενος ὑπὸ τῶν σοφιστῶν[3] κόσμος ἔφυ[4] καὶ τίσιν ἀνάγκαις[5] ἕκαστα γίγνεται τῶν οὐρανίων, ἀλλὰ καὶ τοὺς φροντίζοντας τὰ τοιαῦτα μωραίνοντας ἀπεδείκνυ. 12. Καὶ πρῶτον μὲν[6] αὐτῶν ἐσκόπει πότερά ποτε νομίσαντες ἱκανῶς ἤδη τἀνθρώπινα εἰδέναι ἔρχονται ἐπὶ τὸ περὶ τῶν τοιούτων φροντίζειν, ἢ[7] τὰ μὲν ἀνθρώπεια παρέντες, τὰ δαιμόνια δὲ[8] σκοποῦντες ἡγοῦνται τὰ προ-

1. Σωκράτους — οὔτε λέγοντος ἤκούσεν. C'est par attraction que les participes de cette phrase sont au génitif. D'après Curt., § 593, rem 1, ἀκούειν avec le génitif du participe signifie : entendre quelque chose de ses propres oreilles. Dira-t-on la même chose, mutatis mutandis, de ὁρᾶν? Alors ὁρᾶν, avec l'accusatif, signifierait : voir des yeux de l'esprit, savoir. Xenophon va s'occuper d'abord des paroles de Socrate, et ensuite (§ 17) de ses actions.

2. Ἧπερ τῶν ἄλλων οἱ πλεῖστοι, eadem ratione, qua ceterorum philosophorum plerique. Xenophon ne veut pas dire absolument que Socrate ne se soit jamais occupé de ces questions; mais il ne les a jamais traitées que pour développer les sentiments religieux de ses auditeurs et les porter au bien.

3. Σοφιστῶν Ce mot ne designe ici que ces maitres dont Socrate, et Xenophon, avec lui, condamnait les doctrines physiques et astronomiques, comme de vaines et dangereuses recherches.

4. Κόσμος ἔφυ. Le mot κόσμος repond exactement au mot latin mundus. Les premiers philosophes grecs s'étaient occupes de ces recherches.

2. Τίσιν ἀνάγκαις. Τίσιν dans une interrogation indirecte, comme au § 1. Ἀνάγκη, abstrait au singulier, devient concret au pluriel : naturæ legibus.

6. Πρῶτον μέν. A ce μέν répond, § 15, ἐσκόπει δέ.

7. Αὐτῶν ἐσκόπει πότερά ποτε — ἤ. Ce genitif αὐτῶν dépend de toute la phrase suivante : πότερά ποτε, etc. V. Madv., § 53. Pour le sens de ποτε, V. la note 1, p. 39.

8. Τὰ μὲν ἀνθρώπεια —, τὰ δαιμόνια δέ. Il est rare que δέ soit ainsi place après le substantif. V. Madv., § 188, rem. 1. Ἀνθρώπινα

σήκοντα πράττειν. 13. Ἐθαύμαζε δ' εἰ μὴ ¹ φανερὸν αὐτοῖς
ἐστιν ὅτι ταῦτα οὐ δυνατόν ἐστιν ἀνθρώποις εὑρεῖν· ἐπεὶ
καὶ τοὺς μέγιστον φρονοῦντας ἐπὶ τῷ περὶ τούτων λέγειν²
οὐ ταὐτὰ δοξάζειν ἀλλήλοις, ἀλλὰ τοῖς μαινομένοις ὁμοίως
διακεῖσθαι πρὸς ἀλλήλους· 14. Τῶν τε γὰρ μαινομένων ³
τοὺς μὲν οὐδὲ τὰ δεινὰ δεδιέναι, τοὺς δὲ καὶ τὰ μὴ φοβερὰ
φοβεῖσθαι· καὶ τοῖς μὲν οὐδ' ἐν ὄχλῳ δοκεῖν αἰσχρὸν εἶναι
λέγειν ἢ ποιεῖν ὁτιοῦν, τοῖς δὲ οὐδ' ἐξιτητέον εἰς ἀνθρώπους εἶναι δοκεῖν ⁴· καὶ τοὺς μὲν οὔθ' ἱερὸν οὔτε βωμὸν
οὔτ' ἄλλο τῶν θείων οὐδὲν τιμᾶν, τοὺς δὲ καὶ λίθους καὶ
ξύλα τὰ τυχόντα⁵ καὶ θηρία σέβεσθαι· τῶν τε περὶ τῆς
τῶν πάντων φύσεως μεριμνώντων τοῖς μὲν δοκεῖν ἓν μόνον
τὸ ὄν εἶναι, τοῖς δ' ἄπειρα τὸ πλῆθος⁶· καὶ τοῖς μὲν ἀεὶ
πάντα κινεῖσθαι, τοῖς δ' οὐδὲν ἄν ποτε κινηθῆναι⁷· καὶ

et ἀνθρώπεια ont le même sens, ne diffèrent que par la forme, et la
variété de forme plaisait assez aux Grecs.

1. Ἰθαύμαζε δ' εἰ μή. Pour cet emploi de εἰ μή après ἐθαύμαζε, V.
Curt., § 550.

2. Τοὺς μέγιστον φρονοῦντας ἐπὶ τῷ περί τούτων λέγειν... Qui vel
maxime gloriantur in harum rerum disputatione... δοξάζειν. Pour
cette proposition infinitive, V. Madv., § 163, b.

3. Τῶν τε γὰρ μαινομένων. A ces mots répondent plus bas les
mots τῶν τε... μεριμνώντων : quemadmodum — sic. Xénophon
compare les contradictions des sophistes (V. pl. h.) a celles des fous
dont il énumère d'abord plusieurs variétés

4. Δοκεῖν... δοκεῖν. Xénophon ne craint pas ces répétitions. V.
un peu plus haut celle de ἐστιν.

5. Τὰ τυχόντα, quoslibet lapides et quælibet ligna (des fétiches).

6. Ἓν μόνον τὸ ὄν εἶναι C'était l'opinion de Xénophane, le fondateur de l'école d'Élée. (V. le Parménide.) — Ἄπειρα τὸ πλῆθος,
l'opinion de Leucippe et de Démocrite (école atomistique).

7. Κινεῖσθαι πάντα, — οὐδὲν ἄν ποτε κινηθῆναι. Héraclite, Zénon
d'Élée. — Ἄν donne à l'infinitif une signification conditionnelle.
En style direct, il y aurait ici : οὐδὲν ἄν ποτε κινηθείη. V. Curt.,
§ 575, et Madv., § 173.)

τοῖς μὲν πάντα γίγνεσθαί τε καὶ ἀπόλυσθαι, τοῖς δὲ οὔτ' ἂν γενέσθαι ποτὲ οὐδὲν[1] οὔτε ἀπολέσθαι. 15. Ἐσκόπει δὲ περὶ αὐτῶν καὶ τάδε, ἆρ' ὥσπερ οἱ τἀνθρώπεια μανθάνοντες ἡγοῦνται τοῦθ' ὅ τι ἂν μάθωσιν ἑαυτοῖς τε καὶ τῶν ἄλλων ὅτῳ ἂν βούλωνται ποιήσειν, οὕτω καὶ οἱ τὰ θεῖα ζητοῦντες νομίζουσιν, ἐπειδὰν γνῶσιν αἷς ἀνάγκαις ἕκαστα γίγνεται, ποιήσειν[2], ὅταν βούλωνται, καὶ ἀνέμους καὶ ὕδατα καὶ ὥρας καὶ ὅτου ἂν ἄλλου δέωνται τῶν τοιούτων, ἢ τοιοῦτον μὲν οὐδὲν οὐδ' ἐλπίζουσιν, ἀρκεῖ δ' αὐτοῖς γνῶναι μόνον ᾗ τῶν τοιούτων ἕκαστα γίγνεται. 16. Περὶ μὲν οὖν τῶν ταῦτα πραγματευομένων τοιαῦτα ἔλεγεν· αὐτὸς δὲ περὶ τῶν ἀνθρωπίνων ἀεὶ διελέγετο σκοπῶν τί εὐσεβές, τί ἀσεβές, τί καλόν. τί αἰσχρόν, τί δίκαιον, τί ἄδικον, τί σωφροσύνη, τί μανία, τί ἀνδρεία[3], τί δειλία, τί πόλις, τί πολιτικός, τί ἀρχὴ ἀνθρώπων, τί ἀρχικὸς ἀνθρώπων, καὶ περὶ τῶν ἄλλων, ἃ τοὺς μὲν εἰδότας ἡγεῖτο καλοὺς κἀγαθοὺς[4] εἶναι, τοὺς δ' ἀγνοοῦντας ἀνδραποδώδεις ἂν δικαίως κεκλῆσθαι.

---

1. Πάντα γίγνεσθαι — οὔτ' ἂν γενέσθαι ποτὲ οὐδέν. Xénophon oppose encore Zénon à Héraclite. Cette diversité d'opinions, qui n'a pas beaucoup diminué depuis Socrate, est-elle un bon argument contre l'utilité de la philosophie?

2. Ποιήσειν. Ce scepticisme à l'égard de la valeur pratique des sciences physiques est un trait remarquable du caractère de Socrate.

3. Ἀνδρεῖο, et ἀνδρία, de ἀνήρ, comme virilitas, vn lus de vir.

4. Καλοὺς κἀγαθούς Cette expression s'employait 'pour designer les premiers citoyens, les plus influents, et Socrate la transporte de la politique a la morale.

La conduite de Socrate était conforme à son enseignement. On ne peut lui reprocher aucune action impie, et l'accusation d'impiété portée contre lui est tout à fait injuste.

17. Ὅσα μὲν οὖν μὴ φανερὸς ἦν [1] ὅπως ἐγίγνωσκεν, οὐδὲν θαυμαστὸν ὑπὲρ τούτων περὶ αὐτοῦ παραγνῶναι τοὺς δικαστάς· ὅσα δὲ πάντες ᾔδεσαν, οὐ θαυμαστὸν εἰ μὴ τούτων ἐνεθυμήθησαν; 18. Βουλεύσας [2] γάρ ποτε, καὶ τὸν βουλευτικὸν ὅρκον ὀμόσας, ἐν ᾧ ἦν κατὰ τοὺς νόμους βουλεύσειν, ἐπιστάτης ἐν τῷ δήμῳ γενόμενος [3], ἐπιθυμήσαντος τοῦ δήμου παρὰ τοὺς νόμους ἐννέα στρατηγοὺς [4] μιᾷ

1. Ὅσα μὲν οὖν μὴ φανερὸς ἦν. L'emploi de μή au lieu de οὐ se justifie par le sens conditionnel de cette proposition relative. (V. Curt., § 616, rem. 2.)

2. Βουλεύσας Surtout quand il s'agit de verbes exprimant l'action d'exercer des fonctions publiques, l'aoriste designe le commencement de l'action, par consequent l'entrée en fonctions. (V. Madv., § 111, d. et Curt., § 498, mais aussi les remarques du traducteur, p. 296.) — Le sénat d'Athenes se composait alors de cinq cents citoyens, qui se repartissaient en dix prytanies, ou commissions correspondant aux dix tribus; chaque prytanie, composee de cinquante senateurs, administrait durant trente sept ou trente-six jours. On tirait au sort l'epistate (ἐπιστάτης, princeps senatus) dont les fonctions ne duraient qu'un seul jour.

3. Γενόμενος. Ce participe n'est pas relié aux deux precedents, comme ceux-ci le sont entre eux, par la prep. καί. On dirait en latin : cum senator esset et jurasset, princeps factus. Le genitif absolu marque dans quelle circonstance precisement il fut choisi comme epistate.

4. Ἐννέα στρατηγούς On sait l'histoire des dix generaux atheniens qui avaient gagne la bataille navale des Arginuses et qu'une tempéte avait empéches d'ensevelir les morts et même de sauver les matelots restes vivants sur vingt cinq trièmes atheniennes desemparees pendant le combat (406). Pour ce fait, le peuple voulut les faire condamner à mort. Xenophon dit neuf au lieu de dix. Il ne compte pas Conon qui garda le titre et les fonctions de général. (V. l'Introduction.)

ψήφῳ¹ τοὺς ἀμφὶ Θράσυλλον καὶ Ἐρασινίδην² ἀποκτεῖναι³ πάντας, οὐκ ἠθέλησεν ἐπιψηφίσαι⁴, ὀργιζομένου μὲν αὐτῷ τοῦ δήμου, πολλῶν δὲ καὶ δυνατῶν ἀπειλούντων· ἀλλὰ περὶ πλείονος ἐποιήσατο εὐορκεῖν ἢ χαρίσασθαι τῷ δήμῳ παρὰ τὸ δίκαιον καὶ φυλάξασθαι τοὺς ἀπειλοῦντας. 19. Καὶ γὰρ ἐπιμέλεσθαι Θεοὺς⁵ ἐνόμιζεν ἀνθρώπων οὐχ ὃν τρόπον οἱ πολλοὶ νομίζουσιν· οὗτοι μὲν γὰρ οἴονται τοὺς θεοὺς τὰ μὲν εἰδέναι, τὰ δ᾽ οὐκ εἰδέναι· Σωκράτης δὲ πάντα μὲν ἡγεῖτο θεοὺς εἰδέναι, τά τε λεγόμενα καὶ πραττόμενα καὶ τὰ σιγῇ βουλευόμενα, πανταχοῦ δὲ παρεῖναι καὶ σημαίνειν τοῖς ἀνθρώποις περὶ τῶν ἀνθρωπείων πάντων.

20. Θαυμάζω⁶ οὖν ὅπως ποτὲ ἐπείσθησαν Ἀθηναῖοι Σωκράτην περὶ θεοὺς μὴ σωφρονεῖν, τὸν ἀσεβὲς μὲν οὐδέν ποτε οὔτ᾽ εἰπόντα οὔτε πράξαντα, τοιαῦτα δὲ καὶ λέγοντα καὶ πράττοντα οἷά τις ἂν καὶ λέγων καὶ πράττων εἴη τε καὶ νομίζοιτο εὐσεβέστατος.

1. Μιᾷ ψήφῳ. Remarquez le rapprochement, pour mieux faire ressortir l'opposition de ἐννέα στρατηγούς et de μιᾷ ψηφῳ. L'illegalité était précisement de ne demander qu'un vote, de n'intenter qu'un proces contre plusieurs prevenus. Il fallait κρίνεσθαι δίχα ἕκαστον. V. Xen., *Hist. gr.*, I, 7, 34, et Grote, *Hist. gr.*, trad. de Sadous, t. II, p. 262.

2. Τοὺς ἀμφὶ Θράσυλλον καὶ Ἐρασινίδην. Pour ce sens de la prep ἀμφί, V. Curt., § 162, c. Thrasylle et Erasinidès avec leur entourage, en tout neuf generaux.

3. Ἀποκτεῖναι. Non pas *tuer*, mais *condamner à mort*.

4. Ἐπιψηφίσαι, *in suffragia mittere*. Mais le lendemain, avec un autre epistate, la condamnation fut votée et six generaux qui avaient eu l'imprudence de rentrer à Athènes furent mis à mort.

5. Θεούς, les Dieux en géneral, des êtres dignes d'être appeles des Dieux, par opposition à τοὺς Θεούς, les Dieux d'Athènes.

6. Θαυμάζω οὖν. Voici le resumé et la conclusion du premier chapitre.

CHAPITRE II

Socrate n'a pas corrompu la jeunesse

Il exhortait les jeunes gens à pratiquer toutes les vertus
et il leur en donnait l'exemple.

1. Θαυμαστὸν δὲ φαίνεταί μοι καὶ τὸ πεισθῆναί τινας ὡς
Σωκράτης τοὺς νέους διέφθειρεν, ὃς πρὸς τοῖς εἰρημένοις[1]
πρῶτον μὲν ἀφροδισίων καὶ γαστρὸς πάντων ἀνθρώπων
ἐγκρατέστατος ἦν, εἶτα[2] πρὸς χειμῶνα καὶ θέρος καὶ πάντας πόνους καρτερικώτατος, ἔτι δὲ πρὸς τὸ μετρίων δεῖσθαι πεπαιδευμένος[3] οὕτως ὥστε[4] πάνυ μικρὰ[5] κεκτημένος
πάνυ ῥᾳδίως ἔχειν ἀρκοῦντα. **2.** Πῶς οὖν αὐτὸς ὢν τοιοῦτος
ἄλλους ἂν ἢ ἀσεβεῖς ἢ παρανόμους ἢ λίχνους ἢ ἀφροδισίων
ἀκρατεῖς ἢ πρὸς τὸ πονεῖν μαλακοὺς ἐποίησεν; ἀλλ' ἔπαυσε[6]

1. Πρὸς τοῖς εἰρημένοις, ce qui a été dit dans le chapitre pré-
cédent.
2. Πρῶτον μὲν — εἶτα. Sur l'absence très ordinaire de δὲ après
εἶτα, V. Curt., 628, R 1.
3. Πρὸς τὸ μετρίων δεῖσθαι πεπαιδευμένος. Pour cet accusatif de
l'infinitif, V. Madv., § 154, c. Μέτρια, *quæ ad vitam sustentandam
necessaria sunt, sufficiunt.*
4. Ὥστε — ἔχειν. Pour cette construction, V. Curt., 553, b. Κεκτημένος, au nom., par attraction.
5. Πάνυ μικρά. Dans l'*Économique*, II, 3, Socrate estime lui-
même toute sa fortune à cinq mines, soit environ 434 fr. 70.
6. Ἀλλ' ἔπαυσε, *imo vero avocavit a ..* Μὲν a ici pour corrélatif
καίτοι γε de la phrase suivante.

μὲν τούτων πολλοὺς, ἀρετῆς ποίησας ἐπιθυμεῖν καὶ ἐλπίδας παρασχών, ἂν[1] ἑαυτῶν ἐπιμέλωνται, καλοὺς κἀγαθοὺς ἔσεσθαι. 3. Καίτοι γε οὐδεπώποτε ὑπέσχετο διδάσκαλος[2] εἶναι τούτου, ἀλλὰ τῷ φανερὸς εἶναι[3] τοιοῦτος ὢν ἐλπίζειν ἐποίει τοὺς συνδιατρίβοντας ἑαυτῷ μιμουμένους ἐκεῖνον[4] τοιούτους γενήσεσθαι. 4. Ἀλλὰ μὴν[5] καὶ τοῦ σώματος αὐτός τε οὐκ[6] ἠμέλει τούς τ' ἀμελοῦντας οὐκ ἐπήνει. Τὸ μὲν οὖν ὑπερεσθίοντα ὑπερπονεῖν[7] ἀπεδοκίμαζε, τὸ δὲ ὅσα ἡδέως ἡ ψυχὴ δέχεται, ταῦτα ἱκανῶς ἐκπονεῖν ἐδοκίμαζε· ταύτην γὰρ τὴν ἕξιν ὑγιεινήν τε ἱκανῶς[8] εἶναι καὶ τὴν τῆς ψυχῆς ἐπιμέλειαν οὐκ ἐμποδίζειν ἔφη. 5. Ἀλλ' οὐ μὴν θρυπτικός γε οὐδὲ ἀλαζονικὸς[9] ἦν οὔτ' ἀμπεχόνῃ οὔθ' ὑποδέσει οὔτε τῇ ἄλλῃ διαίτῃ· οὐ μὴν οὐδ' ἐρασιχρημάτους γε τοὺς συνόν-

1. Ἄν, pour ἐάν (si). Pour le subjonctif ἐπιμελῶνται après ἄν ou ἐὰν, V. Curt., § 546.

2 Ὑπέσχετο διδάσκαλος, V. p. 43, note 2. De même dans l'*Apologie*, 33, A, Platon fait dire à Socrate : Ἐγὼ δὲ διδασκαλος μέν οὐδενὸς πώποτ' ἐγενόμην. Les sophistes se donnaient au contraire pour des professeurs de vertu.

3. Τῷ φανερὸς εἶναι. Pour ce datif de l'infinitif, V. Curt , § 574, 4, et Madv., § 155. Pour ce nominatif par attraction du sujet principal, φανερὸς, V. Curt., § 570.

4. Ἐκεῖνον, au lieu de ἑαυτόν ou αὐτόν, s'emploie assez ordinairement lorsque la personne dont ce pronom tient la place a été déjà designée par αὐτόν ou ἑαυτόν, comme c'est ici le cas.

5. Ἀλλὰ μήν. V. p. 44, note 3.

6. Τε οὐκ ἠμελει. Sur cet emploi de τε οὐ à la place de οὔτε quand la négation ne forme avec le verbe qu'une seule idée, V. Madv., § 208, rem.

7. Τὸ μὲν οὖν ὑπερεσθίοντα ὑπερπονεῖν. Μὲν οὖν, sans doute. Allusion au regime des athlètes, ἀναγκοφαγοῦντες.

8. Τὴν ἕξιν ὑγιεινήν τε ἱκανῶς, *vivendi rationem salubrem satis*. Ἱκανῶς, comme πάνυ, peut se mettre après l'adjectif.

9. Ἀλλ' οὐ μὴν θρυπτικός γε οὐδὲ ἀλαζονικὸς Allusion aux sophistes qui affectaient de s'habiller avec la plus grande recherche

τας ἐποίει· τῶν μὲν γὰρ ἄλλων ἐπιθυμιῶν ἔπαυε, τοὺς δὲ ἑαυτοῦ ἐπιθυμοῦντας οὐκ ἐπράττετο χρήματα[1]. 6. Τούτου δ᾽ ἀπεχόμενος ἐνόμιζεν ἐλευθερίας ἐπιμέλεσθαι· τοὺς δὲ λαμβάνοντας τῆς ὁμιλίας μισθὸν ἀνδραποδιστὰς ἑαυτῶν[2] ἀπεκάλει, διὰ τὸ ἀναγκαῖον αὐτοῖς εἶναι διαλέγεσθαι παρ᾽ ὧν[3] λάβοιεν τὸν μισθόν[4]. 7. Ἐθαύμαζε δ᾽ εἴ τις ἀρετὴν ἐπαγγελλόμενος ἀργύριον πράττοιτο καὶ μὴ νομίζοι τὸ μέγιστον κέρδος ἕξειν φίλον ἀγαθὸν κτησάμενος, ἀλλὰ φοβοῖτο μὴ ὁ γενόμενος καλὸς κἀγαθὸς τῷ τὰ μέγιστα εὐεργετήσαντι μὴ τὴν μεγίστην χάριν ἕξοι[5]. 8. Σωκράτης δὲ ἐπηγγείλατο μὲν οὐδενὶ πώποτε τοιοῦτον οὐδέν, ἐπίστευε δὲ τῶν συνόντων ἑαυτῷ τοὺς ἀποδεξαμένους ἅπερ αὐτὸς ἐδοκίμαζεν εἰς τὸν πάντα βίον ἑαυτῷ τε καὶ ἀλλήλοις φίλους ἀγαθοὺς ἔσεσθαι. Πῶς ἂν οὖν ὁ τοιοῦτος ἀνὴρ διαφθείροι τοὺς νέους; Εἰ μὴ ἄρα[6] ἡ τῆς ἀρετῆς ἐπιμέλεια διαφθορά ἐστιν.

1. Ἐπιθυμοῦντας οὐκ ἐπράττετο χρήματα. Pour les verbes qui ont un double complément direct et se construisent avec deux accusatifs, V. Curt , § 402. — Pour l'imparfait ἐπράττετο, V. Madv., § 113. Il est inutile de faire remarquer le rapprochement (paronomasie) de ἐπιθυμιῶν et de ἐπιθυμοῦντας.

2. Ἀνδραποδιστὰς ἑαυτῶν, se ipsos in servitutem vendentes. Remarquez cette raison pour laquelle Socrate blâmait les sophistes de se faire payer leurs leçons.

3. Διαλέγεσθαι παρ᾽ ὧν, s.-e. τούτοις. Sur cette suppression de l'antécédent, V. Madv., § 102.

4. Λάβοιεν τὸν μισθόν. Sur l'optatif du style indirect qui remplace sans ἂν le subjonctif avec ἂν du style direct, V. Curt , § 558 bis.

5. Φοβοῖτο, μή — μὴ τὴν μεγίστην χάριν ἕξοι. La règle serait de mettre μή — οὐ. Sur cette règle et l'exception qui se rencontre ici, V. Madv., § 201, note. Peut-être μή placé devant μεγίστην est-il destiné à marquer l'importance de cet attribut dans la pensée de celui qui craint : ne gratiam, quæ non esset maxima, rependeret.

6. Εἰ μὴ ἄρα, nisi forte, ironique.

Socrate inspirait à ses disciples le respect des lois et les
détournait de toute action violente.

9. Ἀλλὰ νὴ Δία, ὁ κατήγορος ἔφη[1], ὑπερορᾶν ἐποίει
τῶν καθεστώτων νόμων[2] τοὺς συνόντας, λέγων ὡς μῶρον εἴη
τοὺς μὲν τῆς πόλεως ἄρχοντας ἀπὸ κυάμου καθιστάναι[3],
κυβερνήτῃ δὲ μηδένα ἐθέλειν χρῆσθαι κυαμευτῷ, μηδὲ
τέκτονι, μηδ᾽ αὐλητῇ, μηδ᾽ ἐπ᾽ ἄλλα τοιαῦτα[4], ἃ πολλῷ
ἐλάττονας βλάβας ἁμαρτανόμενα ποιεῖ τῶν περὶ τὴν πόλιν
ἁμαρτανομένων· τοὺς δὲ τοιούτους λόγους ἐπαίρειν ἔφη[5]
τοὺς νέους καταφρονεῖν τῆς καθεστώσης πολιτείας καὶ ποιεῖν
βιαίους. 10. Ἐγὼ δ᾽ οἶμαι τοὺς φρόνησιν ἀσκοῦντας καὶ
νομίζοντας ἱκανοὺς εἶναι τὰ συμφέροντα διδάσκειν τοὺς πολίτας ἥκιστα γίγνεσθαι βιαίους, εἰδότας ὅτι τῇ μὲν βίᾳ
πρόσεισιν ἔχθραι[6] καὶ κίνδυνοι, διὰ δὲ τοῦ πείθειν ἀκιν-

1. Ὁ κατήγορος ἔφη. Meletus, le principal accusateur. (V. l'In-
trod.) — Plus ordinairement ἔφη ὁ κατήγορος, V. § 12, comme en
latin : *inquit accusator.*

2. Ὑπερορᾶν — νόμων. *Despicere leges* (καταφρονεῖν — *contemnere*).
Dans ce même livre, chap. III, § 4, et chap. IV, § 10, on trouve
ὑπερορᾶν construit avec l'accus.

3. Ὡς μῶρον εἴη — ἀπὸ κυάμου καθιστάναι. Μῶρον attique au lieu
de μωρόν. — *Per fabam sibi creare.* Allusion au *Sénat de la Fève,*
Βουλὴ ἀπὸ κυάμου (Thucyd.), dont les membres étaient tirés au
sort au moyen de fèves blanches et noires déposées dans une urne.
Le citoyen dont le nom était tiré d'une autre urne en même temps
qu'une fève blanche de celle-là, était nommé sénateur. (Constit.
de Clisthène.)

4. Μηδ᾽ ἐπ᾽ ἄλλα τοιαῦτα, on attendrait plutôt : μηδ᾽ ἄλλῳ τινὶ ἐπὶ
τοιαῦτα.

5. Ἔφη, l'accusateur.

6 Τῇ μὲν βίᾳ πρόσεισιν ἔχθραι. Pour l'emploi de ce datif, V
Madv , § 36 *bis.*

δύνως τε καὶ μετὰ φιλίας ταὐτὰ γίγνεται· οἱ μὲν γὰρ
βιασθέντες ὡς ἀφαιρεθέντες[1] μισοῦσιν, οἱ δὲ πεισθέντες ὡς
κεχαρισμένοι φιλοῦσιν. Οὔκουν τῶν φρόνησιν ἀσκούντων
τὸ βιάζεσθαι, ἀλλὰ τῶν ἰσχὺν ἄνευ γνώμης ἐχόντων τὸ
τοιαῦτα πράττειν ἐστίν. 11. Ἀλλὰ μὴν[2] καὶ συμμάχων ὁ
μὲν βιάζεσθαι τολμῶν δέοιτ' ἂν οὐκ ὀλίγων, ὁ δὲ πείθειν
δυνάμενος οὐδενός· καὶ γὰρ μόνος ἡγοῖτ' ἂν δύνασθαι πείθειν[3]· καὶ φονεύειν δὲ τοῖς τοιούτοις ἥκιστα συμβαίνει· τίς
γὰρ ἀποκτεῖναί τινα βούλοιτ' ἂν μᾶλλον ἢ ζῶντι πειθο-
μένῳ χρῆσθαι;

Est-il juste d'imputer à Socrate le mal que deux de ses disciples, Critias et Alcibiade, ont fait à la république? Mais
ils ne s'étaient attachés à ce philosophe que pour apprendre de lui l'art de la parole.

12. Ἀλλὰ Σωκράτει γ', ἔφη ὁ κατήγορος, ὁμιλητὰ
γενομένω Κριτίας τε καὶ Ἀλκιβιάδης[4] πλεῖστα κακὰ τὴν

1. Βιασθέντες ὡς ἀφαιρεθέντες (spoliati). Sur le sens passif de ce
part. βιασθέντες, V. Curt., § 128, 4 et § 483, 3. — Ὡς κεχαρισμένοι,
tanquam beneficiis affecti. Remarquer avec quelle adresse Xenophon a éludé la difficulté. Il ne répond qu'à la seconde des accusations dirigées ici contre Socrate. Sans doute, celui-ci n'a pas
donné à ses disciples le goût de la violence; mais il avait très certainement critiqué la constitution de son temps et regretté celle de
Solon, sous laquelle les citoyens qui exerçaient les fonctions publiques étaient αἱρετοί et non κυαμευτοί
2. Ἀλλα μὴν, V. p 44, note 3.
3. Καὶ — δε, V. p. 42, note 5.
4 Κριτίας τε καὶ Ἀλκιβιάδης Critias, un des trente tyrans que les
Lacédémoniens établirent à Athènes (ὀλιγαρχία) après la guerre du
Péloponèse (404), et celui qui commit le plus d'excès. Il périt en
combattant lorsque Thrasybule s'empara d'Athènes Pour les détails

πόλιν ἐποιησάτην. Κριτίης μὲν γὰρ τῶν ἐν τῇ ὀλιγαρχίᾳ πάντων κλεπτίστατός τε καὶ βιαιότατος καὶ φονικώτατος ἐγένετο, Ἀλκιβιάδης δὲ αὖ τῶν ἐν τῇ δημοκρατίᾳ πάντων ἀκρατέστατός τε καὶ ὑβριστότατος καὶ βιαιότατος. 13. Ἐγὼ δ᾽, εἰ μέντι καλὸν ἐκείνω τὴν πόλιν ἐποιησάτην, οὐκ ἀπολογήσομαι· τὴν δὲ πρὸς Σωκράτην συνουσίαν αὐτοῖν ὡς ἐγένετο ¹ διηγήσομαι. 14. Ἐγενέσθην μὲν γὰρ δὴ ² τὼ ἄνδρε τούτω φύσει φιλοτιμοτάτω πάντων Ἀθηναίων, βουλομένω τε πάντα δι᾽ ἑαυτῶν πράττεσθαι καὶ πάντων ὀνομαστοτάτω γενέσθαι· ᾔδεσαν δὲ Σωκράτην ἀπ᾽ ἐλαχίστων μὲν χρημάτων αὐταρκέστατα ζῶντα, τῶν ἡδονῶν δὲ πασῶν ἐγκρατέστατον ὄντα, τοῖς δὲ διαλεγομένοις αὐτῷ πᾶσι χρώμενον ἐν τοῖς λόγοις ὅπως βούλοιτο ³. 15. Ταῦτα δὲ ὁρῶντε καὶ ὄντε οἵω προείρησθον, πότερόν τις αὐτὼ φῇ ⁴ τοῦ βίου τοῦ Σωκράτους ἐπιθυμήσαντε καὶ τῆς σωφροσύνης, ἣν ἐκεῖνος εἶχεν, ὀρέξασθαι τῆς ὁμιλίας αὐτοῦ, ἢ νομίσαντε,

de la vie de Critias, V. Grote, *Hist. de la Grèce*, trad. de Sadous, t XII, pp. 28, sq. Alcibiade est trop connu pour qu'il soit utile d'en parler ici. Ni Meletus ni Anytus n'avaient porté contre Socrate l'accusation dont il est question dans ce passage; mais il est certain que le souvenir des relations de Socrate et de ces deux personnages lui fut très funeste.

1. Τὴν — συνουσίαν αὐτοῖν ὡς ἐγένετο, pour ὡς ἡ συνουσία αὐτοῖν ἐγένετο; construction très ordinaire en grec (attraction).

2. Ἐγενέσθην μὲν γὰρ δή. A ce μὲν repond un peu plus bas ᾔδεσαν δέ. Ce changement du duel en pluriel (ἐγενέσθην μὲν — ᾔδεσαν δέ) se remarque aussi un peu plus bas. § 16, ἑώρων, § 18, ζημιοῖντο ἢ πάσχοιτο, etc. — δή signifie que le fait dont il s'agit est bien connu.

3. Τοῖς δὲ διαλεγομένοις αὐτῷ πᾶσι χρώμενον ἐν τοῖς λόγοις ὅπως βούλοιτο. Il faisait de chacun précisement ce qu'il voulait dans ses discussions. Remarquez cette expression frappante sur les effets des conversations de Socrate.

4. Πότερον — φῇ. Sur ce subjonctif dans une interrogation, V. Curt., § 513.

εἰ ὁμιλήσαιτην ἐκείνῳ, γενέσθαι ἂν ἱκανωτάτω λέγειν τε καὶ πράττειν; 16. Ἐγὼ μὲν γὰρ ἡγοῦμαι, θεοῦ διδόντος[1] αὐτοῖν ἢ ζῆν ὅλον τὸν βίον ὥσπερ ζῶντα Σωκράτην ἑώρων ἢ τεθνάναι, ἑλέσθαι ἂν αὐτὼ μᾶλλον τεθνάναι. Δήλω δ' ἐγενέσθην ἐξ ὧν ἐπραξάτην· ὡς γὰρ τάχιστα κρείττονε τῶν συγγιγνομένων ἡγησάσθην εἶναι, εὐθὺς ἀποπηδήσαντε[2] Σωκράτους ἐπραττέτην τὰ πολιτικά, ὧνπερ ἕνεκα Σωκράτους ὠρεχθήτην.

Socrate, dit-on, n'aurait dû enseigner la politique a ses amis qu'après leur avoir appris à se gouverner eux-mêmes. C'est ce qu'il faisait; Critias et Alcibiade se sont bien conduits tout le temps qu'ils l'ont fréquenté.

17. Ἴσως οὖν εἴποι τις ἂν πρὸς ταῦτα ὅτι ἐχρῆν τὸν Σωκράτην μὴ πρότερον τὰ πολιτικὰ διδάσκειν τοὺς συνόντας ἢ σωφρονεῖν. Ἐγὼ δὲ πρὸς τοῦτο μὲν οὐκ ἀντιλέγω[3]· πάντας δὲ τοὺς διδάσκοντας ὁρῶ αὐτοὺς δεικνύντας τε τοῖς μανθάνουσιν ἧπερ αὐτοὶ ποιοῦσιν ἃ διδάσκουσι καὶ τῷ λόγῳ προσβιβάζοντας[4]. 18. Οἶδα δὲ καὶ Σωκράτην δεικνύντα τοῖς συνοῦσιν ἑαυτὸν καλὸν κἀγαθὸν ὄντα καὶ διαλεγόμενον κάλλιστα περὶ ἀρετῆς καὶ τῶν ἄλλων ἀνθρωπίνων. Οἶδα

1. Θεοῦ διδόντος, si deus ei optionem dedisset.
2. Ἀποπηδήσαντε Σωκράτους ἐπραττέτην τα πολιτικά, principes a Socrate rempublicam capessiverunt. Sur ce génitif après ἀποπηδῶ, V. Madv § 57, b Rem.
3. Οὐκ ἀντιλέγω. Xénophon reconnaît que l'observation de ses adversaires est juste. Dans le quatrième livre, chap. III, il reviendra sur ce sujet et montrera que Socrate se préoccupait avant tout de faire de ses amis des gens vertueux.
4. Τῷ λόγῳ προσβιβάζοντας, adducentes ad suam sententiam.

δὲ κἀκείνω σωφρονοῦντε, ἔστε Σωκράτει συνήστην, οὐ
φοβουμένω μὴ ζημιοῖντο ἢ παίοιντο ὑπὸ Σωκράτους, ἀλλ᾽
οἰομένω τότε κράτιστον εἶναι τοῦτο πράττειν.

L'homme juste, dit-on, ne devient jamais injuste, ni l'homme
modeste insolent. Mais la vertu ne se conserve que si l'on
continue a la pratiquer.

19. ῎Ισως οὖν εἴποιεν ἂν πολλοὶ τῶν φασκόντων φιλοσοφεῖν[1] ὅτι οὐκ ἂν ποτε ὁ δίκαιος ἄδικος γένοιτο, οὐδὲ ὁ σώφρων
ὑβριστής, οὐδὲ ἄλλο οὐδὲν[2] ὧν μάθησίς ἐστιν ὁ μαθὼν
ἀνεπιστήμων ἄν ποτε γένοιτο. Ἐγὼ δὲ περὶ τούτων οὐχ
οὕτω γιγνώσκω· ὁρῶ γὰρ ὥσπερ τὰ τοῦ σώματος ἔργα
τοὺς μὴ τὰ σώματα ἀσκοῦντας οὐ δυναμένους ποιεῖν[3],
οὕτω καὶ τὰ τῆς ψυχῆς ἔργα τοὺς μὴ τὴν ψυχὴν ἀσκοῦντας οὐ δυναμένους· οὔτε γὰρ ἃ δεῖ πράττειν οὔτε ὧν δεῖ
ἀπέχεσθαι δύνανται. **20.** Διὸ καὶ τοὺς υἱεῖς οἱ πατέρες, κἂν
ὦσι σώφρονες, ὅμως ἀπὸ τῶν πονηρῶν ἀνθρώπων εἴργουσιν,
ὡς τὴν μὲν τῶν χρηστῶν ὁμιλίαν ἄσκησιν οὖσαν[4] τῆς ἀρε-

1. Τῶν φασκόντων φιλοσοφεῖν. Allusion aux sophistes.
2. ῎Αλλο οὐδέν. Ces mots dependent de ἀνεπιστήμων : *neque in
aliqua earum rerum, quarum doctrina est, cum, qui didicerit, in-
doctum fieri posse.*
3. Ὁρῶ γὰρ, ὥσπερ — δυναμένους ποιεῖν. On peut sous-entendre
ὁρῶ après ὥσπερ, ou bien on expliquera par une attraction cette
proposition infinitive qui suit ὥσπερ, alors qu'il faudrait regulièrement : ὁρῶ, ὥσπερ — οἱ μὴ τα σώματα ἀσκοῦντες οὐ δύνανται ποιεῖν,
οὕτω καὶ... etc.
4. Ὡς — οὖσαν. Sur cet accusatif absolu, V. Curt., § 586, 2, et
Madv., § 182. — La première des deux citations qui suivent est de
Theognis, poète gnomique (530 env. av. J.-C.), la seconde est d'un
poète inconnu. Les vers de Théognis sont également cités dans le
Ménon, p. 95, D.

τῆς, τὴν δὲ τῶν πονηρῶν κατάλυσιν. Μαρτυρεῖ δὲ καὶ τῶν ποιητῶν ὅ τε λέγων,

Ἐσθλῶν μὲν γὰρ ἀπ' ἐσθλὰ διδάξεαι· ἢν δὲ κακοῖσι
συμμίσγῃς, ἀπολεῖς καὶ τὸν ἐόντα νόον·

καὶ ὁ λέγων,

Αὐτὰρ ἀνὴρ ἀγαθὸς τοτὲ μὲν κακός, ἄλλοτε δ' ἐσθλός.

21. Κἀγὼ δὲ [1] μαρτυρῶ τούτοις· ὁρῶ γὰρ ὥσπερ τῶν ἐν μέτρῳ πεποιημένων ἐπῶν τοὺς μὴ μελετῶντας ἐπιλανθανομένους, οὕτω καὶ τῶν διδασκαλικῶν λόγων τοῖς ἀμελοῦσι λήθην ἐγγιγνομένην. Ὅταν δὲ τῶν νουθετικῶν λόγων ἐπιλάθηταί τις, ἐπιλέλησται καὶ ὧν ἡ ψυχὴ πάσχουσα [2] τῆς σωφροσύνης ἐπεθύμει· τούτων δ' ἐπιλαθόμενον οὐδὲν θαυμαστὸν καὶ τῆς σωφροσύνης ἐπιλαθέσθαι. 22. Ὁρῶ δὲ καὶ τοὺς εἰ φιλοποσίαν προαχθέντας καὶ τοὺς εἰς ἔρωτας ἐκκυλισθέντας ἧττον δυναμένους τῶν τε δεόντων ἐπιμέλεσθαι καὶ τῶν μὴ δεόντων ἀπέχεσθαι· πολλοὶ γὰρ καὶ χρημάτων δυνάμενοι φείδεσθαι, πρὶν ἐρᾶν, ἐρασθέντες οὐκέτι δύνανται· καὶ τὰ χρήματα καταναλώσαντες, ὧν πρόσθεν ἀπείχοντο κερδέων, αἰσχρὰ νομίζοντες εἶναι, τούτων οὐκ ἀπέχονται. 23. Πῶς οὖν οὐκ ἐνδέχεται [3] σωφρονήσαντα πρόσθεν αὖθις μὴ σωφρονεῖν καὶ δίκαια δυνηθέντα πράττειν αὖθις ἀδυνατεῖν; Πάντα μὲν οὖν ἔμοιγε δοκεῖ τὰ καλὰ καὶ τἀγαθὰ ἀσκητὰ εἶναι [4], οὐχ ἥκιστα δὲ σωφροσύνη· ἐν γὰρ τῷ αὐτῷ σώ-

1. Κἀγὼ δὲ, sur καὶ — δέ, V. p. 42, note 5. Un peu plus bas, ὁρῶ γὰρ, et § 22, ὁρῶ δὲ καὶ, V. p. 41, note 1.

2. Ὧν (p. τούτων ἃ) ἡ ψυχὴ πάσχουσα, quibus animus moveri et incitari solet ad virtutem capessendam.

3. Πῶς οὖν οὐκ ἐνδέχεται, comment donc n'est-il pas possible... comment mettre en doute? L'interrogation est plus vive avec l'indicatif qu'avec l'optatif (ἂν ἐνδέχοιτο).

4. Ἀσκητὰ εἶναι, usu et exercitatione comparari, οὐχ ἥκιστα δέ,

μ.ατι συμπεφυτευμέναι τῇ ψυχῇ αἱ ἡδοναὶ πείθουσιν αὐτὴν
μὴ σωφρονεῖν, ἀλλὰ τὴν ταχίστην ἑαυταῖς τε καὶ τῷ
σώματι χαρίζεσθαι.

Si Critias et Alcibiade se sont corrompus, il est injuste d'en
faire retomber la responsabilité sur Socrate, qui a toujours
pratiqué la sagesse.

24. Καὶ Κριτίας δὴ [1] καὶ Ἀλκιβιάδης, ἕως μὲν Σωκράτει
συνήστην, ἐδυνάσθην ἐκείνῳ χρωμένω συμμάχῳ τῶν μὴ
καλῶν ἐπιθυμιῶν κρατεῖν· ἐκείνου δ' ἀπαλλαγέντε, Κριτίας
μὲν φυγὼν [2] εἰς Θετταλίαν ἐκεῖ συνῆν ἀνθρώποις ἀνομίᾳ
μᾶλλον ἢ δικαιοσύνῃ χρωμένοις, Ἀλκιβιάδης δ' αὖ διὰ
μὲν κάλλος ὑπὸ πολλῶν καὶ σεμνῶν γυναικῶν θηρώμενος,
διὰ δὲ δύναμιν τὴν ἐν τῇ πόλει καὶ τοῖς συμμάχοις ὑπὸ
πολλῶν καὶ δυνατῶν ἀνθρώπων διαθρυπτόμενος, ὑπὸ δὲ
τοῦ δήμου τιμώμενος, καὶ ῥαδίως πρωτεύων, ὥσπερ οἱ
τῶν γυμνικῶν ἀγώνων ἀθληταὶ ῥαδίως πρωτεύοντες ἀμελοῦσι τῆς ἀσκήσεως, οὕτω κἀκεῖνος [3] ἠμέλησεν αὐτοῦ.
25. Τοιούτων δὲ συμβάντων αὐτοῖν, καὶ ὠγκωμένω μὲν ἐπὶ
γένει, ἐπηρμένω δ' ἐπὶ πλούτῳ, πεφυσημένω δ' ἐπὶ δυνά-

et tout particulièrement... Σωφροσύνη sans article, comme § 21,
κάλλος, a un sens abstrait. (V. Madv., § 8, c.)

1. Δή, *igitur*, maintenant, pour marquer le retour au sujet que
les considerations generales qui précèdent avaient interrompu

2. Φυγών. Critias avait été exilé, en 411, à cause de sa haine
du peuple (μισοδημότατος). Il s'était retiré en Thessalie dont les
habitants etaient alors fameux par leur immoralité (ἀνομίᾳ μᾶλλον
ἢ δικαιοσύνῃ χρωμένοις). V. Plat, Criton, p. 53, D.

3. Κἀκεῖνος. Rappel necessaire du sujet de la prop. principale,
apres cette comparaison.

μει, διατεθρυμμένω δὲ ὑπὸ πολλῶν ἀνθρώπων, ἐπὶ δὲ
πᾶσι τούτοις καὶ πολὺν χρόνον ἀπὸ Σωκράτους γεγονότε,
τί θαυμαστὸν εἰ ὑπερηφάνω ἐγενέσθην ; **26**. Εἶτα εἰ μέν τι
ἐπλημμελησάτην, τούτου Σωκράτην ὁ κατήγορος αἰτιᾶται, ὅτι δὲ νέω ὄντε αὐτώ, ἡνίκα καὶ ἀγνωμονεστάτω
καὶ ἀκρατεστάτω εἰκὸς εἶναι, Σωκράτης παρέσχε σώφρονε,
οὐδενὸς ἐπαίνου δοκεῖ τῷ κατηγόρῳ ἄξιος εἶναι ; **27**. Οὐ
μὴν τά γε ἄλλα οὕτω κρίνεται· τίς μὲν γὰρ αὐλητής, τίς
δὲ κιθαριστής, τίς δὲ ἄλλος διδάσκαλος ἱκανοὺς ποιήσας
τοὺς μαθητάς, ἐὰν πρὸς ἄλλους ἐλθόντες χείρους φανῶσιν,
αἰτίαν ἔχει τούτου ; τίς δὲ πατήρ, ἐὰν ὁ παῖς αὐτοῦ συν-
διατρίβων τῳ σωφρονῇ, ὕστερον δὲ ἄλλῳ τῳ συγγενόμενος
πονηρὸς γένηται, τὸν πρόσθεν αἰτιᾶται, ἀλλ' οὐχ ὅσῳ ἂν
παρὰ τῷ ὑστέρῳ χείρων φαίνηται, τοσούτῳ μᾶλλον ἐπαι-
νεῖ τὸν πρότερον ; Ἀλλ' οἵ γε πατέρες[1] αὐτοὶ συνόντες τοῖς
υἱέσι, τῶν παίδων πλημμελούντων, οὐκ αἰτίαν ἔχουσιν,
ἐὰν αὐτοὶ σωφρονῶσιν. **28**. Οὕτω δὲ καὶ Σωκράτην δίκαιον
ἦν κρίνειν· εἰ μὲν αὐτὸς ἐποίει τι φαῦλον, εἰκότως ἂν ἐδόκει
πονηρὸς εἶναι· εἰ δ' αὐτὸς σωφρονῶν διετέλει, πῶς ἂν δικαίως τῆς οὐκ ἐνούσης αὐτῷ κακίας αἰτίαν ἔχοι ;

Non seulement Socrate a toujours pratiqué le bien, mais il
n'a jamais hésité à condamner le mal. Ses rapports avec
Critias, devenu maître d'Athènes, le prouvent bien.

29. Ἀλλ' εἰ καὶ μηδὲν αὐτὸς πονηρὸν ποιῶν ἐκείνους
φαῦλα πράττοντας ὁρῶν ἐπήνει, δικαίως ἂν ἐπιτιμῷτο. Κρι-

---

1. Ἀλλ' οἵ γε πατέρες, at ne parentes quidem.

τίαν μὲν[1] τοίνυν[2] αἰσθανόμενος ἐρῶντα Εὐθυδήμου[3], καὶ πειρῶντα χρῆσθαι καθάπερ οἱ πρὸς τἀφροδίσια τῶν σωμάτων ἀπολαύοντες, ἀπέτρεπε, φάσκων ἀνελεύθερόν τε εἶναι καὶ οὐ πρέπον ἀνδρὶ καλῷ κἀγαθῷ τὸν ἐρώμενον, ᾧ βούλεται πολλοῦ ἄξιος φαίνεσθαι, προσαιτεῖν ὥσπερ τοὺς πτωχοὺς[4] ἱκετεύοντα καὶ δεόμενον προσδοῦναι, καὶ ταῦτα μηδενὸς ἀγαθοῦ. 30. Τοῦ δὲ Κριτίου τοῖς τοιούτοις οὐχ ὑπακούοντος οὐδὲ ἀποτρεπομένου, λέγεται τὸν Σωκράτην ἄλλων τε πολλῶν παρόντων καὶ τοῦ Εὐθυδήμου εἰπεῖν ὅτι ὑικὸν αὐτῷ δοκοίη πάσχειν ὁ Κριτίας, ἐπιθυμῶν Εὐθυδήμῳ προσκνῆσθαι ὥσπερ τὰ ὕδια τοῖς λίθοις. 31. Ἐξ ὧν δὴ καὶ ἐμίσει τὸν Σωκράτην ὁ Κριτίας, ὥστε καὶ ὅτε τῶν τριάκοντα[5] ὢν νομοθέτης μετὰ Χαρικλέους[6] ἐγένετο, ἀπεμνημόνευσεν[7] αὐτῷ καὶ ἐν τοῖς νόμοις ἔγραψε λόγων τέχνην[8] μὴ διδάσκειν, ἐπηρεάζων ἐκείνῳ καὶ οὐκ ἔχων ὅπῃ ἐπιλάβοιτο, ἀλλὰ τὸ κοινῇ τοῖς φιλοσόφοις ὑπὸ τῶν πολλῶν ἐπιτιμώμενον[9] ἐπιφέρων αὐτῷ καὶ διαβάλλων πρὸς τοὺς πολλούς·

1. Κρίτιαν μιν. Μέν signifie qu'il sera question seulement de Critias d'abord. Il sera plus tard question d'Alcibiade.

2. Τοίνυν répond à εἰ — ἐπήνει. Nous allons voir comment il louait les mauvaises actions.

3. Εὐθυδήμου. Le même Euthydème que dans le quatrième livre des *Mémorables*.

4. Ὥσπερ τοὺς πτωχούς, par attraction, pour ὥσπερ οἱ πτωχοὶ προσαιτοῦσι.

5. Τῶν τριάκοντα ὤν. Genitif partitif. V. Madv., § 51, c.

6. Χαρικλέους Charicles etait, après Critias, le plus puissant des trente tyrans.

7. Ἀπεμνημόνευσει αὐτῷ, se ressouvint de lui. V. le titre même de cet ouvrage : ΑΠΟΜΝΗΜΟΝΕΥΜΑΤΑ.

8. Λόγων τέχνην, l'art de la parole, non pas la rhetorique, que les sophistes enseignaient et dont l'interdiction eût eté peu regrettee de Socrate, mais l'art de la dialectique.

9. Τὸ κοινῇ τοῖς φιλοσοφοις ὑπὸ τῶν πολλῶν ἐπιτιμώμενον, les atta-

οὐδὲ γὰρ ἔγωγε οὔτ᾽ αὐτὸς τοῦτο πώποτε Σωκράτους
ἤκουσα οὔτ᾽ ἄλλου [1] τοῦ φάσκοντος ἀκηκοέναι ᾐσθόμην.
32. Ἐδήλωσε [2] δέ· ἐπεὶ γὰρ οἱ τριάκοντα πολλοὺς μὲν τῶν
πολιτῶν καὶ οὐ τοὺς χειρίστους [3] ἀπέκτεινον, πολλοὺς δὲ
προυτρέποντο [4] ἀδικεῖν, εἶπέ που ὁ Σωκράτης ὅτι θαυμαστόν οἱ δοκοίη εἶναι, εἴ τις γενόμενος βοῶν ἀγέλης νομεὺς [5]
καὶ τὰς βοῦς ἐλάττους τε καὶ χείρους ποιῶν μὴ ὁμολογοίη [6] κακὸς βουκόλος εἶναι, ἔτι δὲ θαυμαστότερον, εἴ τις
προστάτης γενόμενος πόλεως καὶ ποιῶν τοὺς πολίτας ἐλάττους τε καὶ χείρους μὴ αἰσχύνεται μηδ᾽ οἴεται κακὸς εἶναι
προστάτης τῆς πόλεως. **33.** Ἀπαγγελθέντος δὲ αὐτοῖς τούτου, καλέσαντες [7] ὅτε Κριτίας καὶ ὁ Χαρικλῆς τὸν Σωκράτην
τόν τε νόμον ἐδεικνύτην αὐτῷ καὶ τοῖς νέοις ἀπειπέτην
μὴ διαλέγεσθαι [8]. Ὁ δὲ Σωκράτης ἐπήρετο αὐτὼ εἰ ἐξείη

ques dirigees contre les philosophes en général par la multitude.
On leur reprochait en particulier (aux sophistes) d'exercer l'art
τοῦ τὸν ἥττω λόγον κρείττω ποιεῖν. V. Plat , *Apol.*, 23, D.

1. Οὐδὲ γὰρ ἔγωγε οὔτε αὐτὸς τοῦτο — οὔτ᾽ ἄλλου. Preuve que Socrate était calomnié. Τοῦτο, ce que l'on reprochait vulgairement aux
philosophes et ce que Critias reprochait à Socrate en particulier.

2. Ἐδήλωσε, intrans *apparuit*. Le trait suivant prouva bien que
c'etait contre Socrate que la loi de Critias etait dirigee.

3. Οὐ τοὺς χειρίστους, comme § 23, οὐχ ἥκιστα. Non les plus
mauvais, pour dire les meilleurs.

4. Προυτρέποντο. V. p. 43, note 9.

5. Βοῶν ἀγέλης νομεύς, *boum gregis magister*, analogue à la métaphore homérique, ποιμὴν λαῶν.

6. Ὁμολογοίη — αἰσχύνεται — οἴεται Le premier verbe à l'optatif
parce qu'il s'agit d'une simple supposition, et les deux autres à
l'indicatif parce qu'il s'agit de faits réels.

7. Καλέσαντες; — ἐδεικνύτην — ἀπειπέτην. Il n'est pas rare de voir
ainsi le pluriel employé avec le duel V. Curt., § 365; V. un changement analogue §§ 14, 16, 18, et p. 57, note 2.

8. Ἀπειπέτην μὴ διαλέγεσθαι. Sur cette negation μή, qui, dans ce
cas, ne se traduit pas en français, V. Curt., 617, rem. 3.

πυνθάνεσθαι, εἴ τι ἀγνοοῖτο τῶν προαγορευομένων. Τὼ δ᾽ ἐφάτην. **34.** Ἐγὼ τοίνυν, ἔφη, παρεσκεύασμαι μὲν πείθεσθαι τοῖς νόμοις· ὅπως δὲ μὴ δι᾽ ἄγνοιαν λάθω τι παρανομήσας, τοῦτο βούλομαι σαφῶς μαθεῖν παρ᾽ ὑμῶν, πότερον τὴν τῶν λόγων τέχνην¹ σὺν τοῖς ὀρθῶς λεγομένοις εἶναι² νομίζοντες ἢ σὺν τοῖς μὴ ὀρθῶς ἀπέχεσθαι κελεύετε αὐτῆς. Εἰ μὲν γὰρ σὺν τοῖς ὀρθῶς, δῆλον ὅτι ἀφεκτέον ἂν εἴη τοῦ ὀρθῶς λέγειν· εἰ δὲ σὺν τοῖς μὴ ὀρθῶς, δῆλον ὅτι πειρατέον ὀρθῶς λέγειν. Καὶ ὁ Χαρικλῆς ὀργισθεὶς αὐτῷ· **35.** Ἐπειδή, ἔφη, ὦ Σώκρατες, ἀγνοεῖς, τάδε σοι εὐμαθέστερα ὄντα προαγορεύομεν, τοῖς νέοις ὅλως μὴ διαλέγεσθαι. Καὶ ὁ Σωκράτης· Ἵνα τοίνυν, ἔφη³, μὴ ἀμφίβολον ᾖ⁴, ὁρίσατέ μοι μέχρι πόσων⁵ ἐτῶν δεῖ νομίζειν νέους εἶναι τοὺς ἀνθρώπους. Καὶ ὁ Χαρικλῆς· Ὅσουπερ, εἶπε, χρόνου βουλεύειν⁶ οὐκ ἔξεστιν, ὡς οὔπω φρονίμοις οὖσι· μηδὲ σὺ διαλέγου νεωτέροις τριάκοντα ἐτῶν. **36.** Μηδ᾽ ἐάν τι ὠνῶμαι, ἔφη, ἤν⁷ πωλῇ νεώτερος τριάκοντα ἐτῶν, ἔρωμαι ὁπόσου πωλεῖ; Ναὶ τά γε τοιαῦτα, ἔφη ὁ Χαρικλῆς· ἀλλά τοι⁸ σύγε, ὦ Σώκρατες, εἴωθας εἰδὼς πῶς ἔχει τὰ πλεῖστα ἐρω-

---

1. Τὴν τῶν λόγων τέχνην, V. p. 63, note 8.

2. Σὺν τοῖς ὀρθῶς λεγομένοις — εἶναι. Comme σύν τινι εἶναι, *alicui auxilio esse;* cet art de la parole sert-il à bien parler, est-il utile à la verité?

3. Ἵνα τοίνυν, ἔφη. Sur l'emploi d'ἔφη et sa place, V. Madv., § 219, c

4. Μὴ ἀμφίβολον ᾖ. Quelques editeurs donnent après ces mots : ὡς ἄλλο τι ποιῶ ἢ τὰ προηγορευμένα.

5. Μέχρι πόσων, comme τίσι de la première ligne. V. p. 1, note 1. *Infra quot annos....*

6. Βουλεύειν. On ne pouvait être senateur avant trente ans.

7. Ἤπερ — ἤν, si...si, sans la conjonction καί, bien que ces deux suppositions soient liees.

8. Ἀλλά τοι, *rerum tamen.*

τᾶν¹· ταῦτα οὖν μὴ ἐρώτα. Μηδ' ἀποκρίνωμαι οὖν, ἔφη, ἂν
τί με ἐρωτᾷ νέος, ἐὰν εἰδῶ ; οἷον, ποῦ οἰκεῖ Χαρικλῆς ἢ ποῦ
ἐστι Κριτίας. Ναὶ τά γε τοιαῦτα, ἔφη ὁ Χαρικλῆς. 37.
Ὁ δὲ Κριτίας· Ἀλλὰ τῶνδέ τοί σε ἀπέχεσθαι, ἔφη, δεήσει,
ὦ Σώκρατες, τῶν σκυτέων² καὶ τῶν τεκτόνων καὶ τῶν
χαλκέων· καὶ γὰρ οἶμαι αὐτοὺς ἤδη κατατετρῖφθαι διαθρυλουμένους ὑπὸ σοῦ³. Οὐκοῦν, ἔφη ὁ Σωκράτης, καὶ
τῶν ἑπομένων τούτοις ⁴ τοῦ τε δικαίου καὶ τοῦ ὁσίου καὶ
τῶν ἄλλων τῶν τοιούτων; Ναὶ μὰ Δί', ἔφη ὁ Χαρικλῆς,
καὶ τῶν βουκόλων γε⁵· εἰ δὲ μή, φυλάττου ὅπως μὴ καὶ
σὺ ἐλάττους τὰς βοῦς ποιήσεις⁶. 38. Ἔνθα καὶ ⁷ δῆλον
ἐγένετο ὅτι ἀπαγγελθέντος αὐτοῖς τοῦ περὶ τῶν βοῶν λόγου
ὠργίζοντο τῷ Σωκράτει.

1. Εἰωθὼς εἰδώς; — ἐρωτᾶν. Allusion a l'ironie socratique.

2 Ἀπέχεσθαι — δεήσει — τῶν σκυτεων, etc. Il faudra t'abstenir des
cordonniers, etc., c'est a dire des exemples que tu empruntes aux
professions des cordonniers, des charpentiers, etc. C'etait en effet
l'habitude de Socrate. Les sophistes s'etaient souvent moqués de
lui, et la haine de ses accusateurs, d'Anytus en particulier, s'explique, jusqu'à un certain point, par les allusions blessantes qu'ils
croyaient avoir decouvertes dans ces discours familiers.

3. Καὶ γὰρ οἶμαι αὐτοὺς ἤδη κατατετρῖφθαι διαθρυλουμένους ὑπὸ
σοῦ, car je crois qu'ils sont las de s'entendre mêler à tous tes
propos, *cantilenis tuis contritos esse*. Κατατρίβεσθαι, se disait fort
bien des exemples uses, mais il s'applique ici aux personnes.

4. Τῶν ἑπομένων τούτοις, s.-e. ἀπέχεσθαί με δεήσει. Les explica-
tions morales que Socrate avait l'habitude de donner en se servant
de ces exemples.

5. Καὶ τῶν βουκόλων γε. Allusion à la comparaison de Socrate,
V. § 32.

6. Ὅπως μὴ — ποιήσεις. Presque tous les editeurs donnent ici
ποιήσῃς. Je prefere avec Dindorf ποιήσεις, le fut. indic. qui convient
mieux au sens de la phrase. V. Madv., §§ 122, 123.

7. Ἔνθα καί, *tum vero.*

Critias et Alcibiade ne s'étaient attachés quelque temps à
Socrate que par intérêt, pour devenir d'habiles orateurs.
Un entretien de Périclès et d'Alcibiade fait bien voir quelles
étaient les vraies dispositions de ce dernier. Ils n'aimaient
Socrate ni l'un ni l'autre; ils ne pouvaient donc profiter de
ses leçons comme ceux qui lui sont restés fidèles jusqu'à
la fin.

Οἵα μὲν οὖν [1] ἡ συνουσία ἐγεγόνει Κριτίᾳ πρὸς Σωκράτην
καὶ ὡς εἶχον πρὸς ἀλλήλους εἴρηται. **39.** Φαίην δ' ἂν ἔγωγε
μηδενὶ μηδεμίαν εἶναι παίδευσιν παρὰ τοῦ μὴ ἀρέσκοντος [2].
Κριτίας δὲ καὶ Ἀλκιβιάδης οὐκ ἀρέσκοντος αὐτοῖς Σωκράτους ὡμιλησάτην [3] ὃν χρόνον ὡμιλείτην αὐτῷ, ἀλλ'
εὐθὺς ἐξ ἀρχῆς ὡρμηκότε προεστάναι τῆς πόλεως· ἔτι γὰρ
Σωκράτει συνόντες οὐκ ἄλλοις τισὶ μᾶλλον ἐπεχείρουν διαλέγεσθαι ἢ τοῖς μάλιστα πράττουσι τὰ πολιτικά. **40.** Λέγεται γὰρ Ἀλκιβιάδην [4], πρὶν εἴκοσιν ἐτῶν εἶναι, Περικλεῖ
ἐπιτρόπῳ μὲν ὄντι ἑαυτοῦ, προστάτῃ δὲ τῆς πόλεως, τοιάδε
διαλεχθῆναι περὶ νόμων. **41.** Εἰπέ μοι, φάναι, ὦ Περίκλεις,

1. Οἵα μὲν οὖν, pour indiquer la conclusion du developpement
commence § 13. Voilà quelles ont été leurs relations. Quelle éducation (παίδευσιν) Socrate a-t il pu leur donner?
2. Μηδεμίαν — μὴ ἀρέσκοντος. V. Madv., § 205, note 1, sur l'emploi de μὴ avec l'inf. après φημί.
3. Οὐκ ἀρέσκοντος — ὡμιλησάτην. Il faut rapporter οὐκ à ὡμιλησάτην : *quamdiu versabantur cum Socrate, non ita versati sunt, quasi
placeret ipsi ille, sed quod...* Sur le sens de l'imparfait ὡμιλείτην,
V. Madv., § 113.
4. Λέγεται γὰρ Ἀλκιβιάδην. Sur cette forme passive impersonnelle,
moins commune que la forme personnelle, V. Madv., § 161. Ce
dialogue est un exemple curieux de la manière dont les disciples
de Socrate imitaient sa façon d'interroger.

ἔχοις ἄν με διδάξαι τί ἐστι νόμος; Πάντως δήπου, φάναι τὸν Περικλέα. Δίδαξον δὴ πρὸς τῶν θεῶν, φάναι τὸν Ἀλκιβιάδην· ὡς ἐγὼ ἀκούων τινῶν ἐπαινουμένων ὅτι νόμιμοι[1] ἄνδρες εἰσὶν οἶμαι μὴ ἂν δικαίως τούτου τυχεῖν τοῦ ἐπαίνου τὸν μὴ εἰδότα τί ἐστι νόμος. 42. Ἀλλ' οὐδέν τι[2] χαλεποῦ πράγματος ἐπιθυμεῖς, ὦ Ἀλκιβιάδη, φάναι τὸν Περικλέα, βουλόμενος γνῶναι τί ἐστι νόμος· πάντες γὰρ οὗτοι νόμοι εἰσίν[3], οὓς τὸ πλῆθος συνελθὸν καὶ δοκι-μάσαν ἔγραψε, φράζον ἅ τε δεῖ ποιεῖν καὶ ἃ μή. Πότερον δὲ τἀγαθα ἐνόμισαν[4] δεῖν ποιεῖν ἢ τὰ κακά; Τἀγαθὰ νὴ Δία, φάναι, ὦ μειράκιον, τὰ δὲ κακὰ οὔ. 43. Ἐὰν δὲ μὴ τὸ πλῆθος, ἀλλ' ὥσπερ ὅπου ὀλιγαρχία ἐστίν, ὀλίγοι συν-ελθόντες γράψωσιν ὅ τι χρὴ ποιεῖν, ταῦτα τί ἐστι; Πάντα, φάναι, ὅσα ἂν τὸ κρατοῦν τῆς πόλεως βουλευσάμενον ἃ χρὴ ποιεῖν γράψῃ, νόμος καλεῖται. Κἂν τύραννος οὖν κρα-τῶν τῆς πόλεως γράψῃ τοῖς πολίταις ἃ χρὴ ποιεῖν, καὶ ταῦτα νόμος ἐστί; Κἀι ὅσα τύραννος ἄρχων, φάναι, γρά-φει, καὶ ταῦτα νόμος καλεῖται. 44. Βία δέ, φάναι, καὶ ἀνομία τί ἐστιν, ὦ Περίκλεις; ἆρ' οὐχ ὅταν ὁ κρείττων τὸν ἥττω μὴ πείσας ἀλλὰ βιασάμενος ἀναγκάσῃ ποιεῖν ὅ τι ἂν αὐτῷ δοκῇ; Ἔμοιγε δοκεῖ, φάναι τὸν Περικλέα. Καὶ ὅσα ἄρα τύραννος μὴ πείσας τοὺς πολίτας ἀναγκάζει ποιεῖν γράφων, ἀνομία ἐστί; Δοκεῖ μοι, φάναι τὸν Περι-κλέα· ἀνατίθεμαι[5] γὰρ τὸ ὅσα τύραννος μὴ πείσας γράφει,

---

1. Νόμιμοι, *legum observantes*.
2. Οὐδὲν τί, *nihil quicquam*.
3. Πάντες γὰρ οὗτοι νομοι εἰσίν, par attr. pour πάντα ταῦτά ἐστι νόμοι, V. Curt., § 367.
4. Ἐνόμισαν. Le sujet est τὸ πλῆθος, qui gouvernait plus haut ἔγραψε. V. Curt , § 362, 1.
5. Ἀνατίθεμαι, *sententiam meam retracto*. Métaphore empruntée

νόμον εἶναι. **45.** Ὅσα δὲ οἱ ὀλίγοι τοὺς πολλοὺς μὴ πείσαντες ἀλλὰ κρατοῦντες γράφουσι, πότερον βίαν φῶμεν ἢ μὴ φῶμεν εἶναι; Πάντα μοι δοκεῖ, φάναι τὸν Περικλέα, ὅσα τις μὴ πείσας ἀναγκάζει τινὰ ποιεῖν, εἴτε γράφων εἴτε μή, βία μᾶλλον ἢ νόμος εἶναι. Καὶ ὅσα ἄρα τὸ πᾶν πλῆθος κρατοῦν τῶν τὰ χρήματα ἐχόντων γράφει μὴ πεῖσαν, βία μᾶλλον ἢ νόμος ἂν εἴη; **46.** Μάλα τοι[1], φάναι τὸν Περικλέα, ὦ Ἀλκιβιάδη, καὶ ἡμεῖς[2] τηλικοῦτοι ὄντες δεινοὶ τὰ τοιαῦτα[3] ἦμεν· τοιαῦτα γὰρ καὶ ἐμελετῶμεν καὶ ἐσοφιζόμεθα[4] οἷάπερ καὶ σὺ νῦν ἐμοὶ δοκεῖς μελετᾶν. Τὸν δὲ Ἀλκιβιάδην φάναι, Εἴθε σοι, ὦ Περίκλεις, τότε συνεγενόμην[5] ὅτε δεινότατος σαυτοῦ ταῦτα ἦσθα[6]. **47.** Ἐπεὶ τοίνυν τάχιστα[7] τῶν πολιτευομένων ὑπέλαβον κρείττονες εἶναι, Σωκράτει μὲν οὐκέτι προσῆσαν· οὔτε γὰρ αὐτοῖς ἄλλως ἤρεσκεν, εἴ τε[8]

au jeu de dames. On disait : Θεῖναι πεττούς, *ponere calculos,* et ἀναθεῖναι πεττούς, *retrahere calculos,* quand on avait fait un faux mouvement.

1. Μάλα τοι, *sane vero.* Tous les editeurs ne ponctuent pas cette phrase de la même maniere. Quelques-uns mettent un point en haut apres Ἀλκιβιάδη. Il est alors difficile d'expliquer μάλα τοι. Il vaut bien mieux, avec Dindorf, mettre une virgule après Ἀλκιβιάδη et faire porter ainsi μάλα τοι sur δεινοί.

2. Ἡμεῖς, pour ἐγώ qui s'emploie rarement en grec.

3. Δεινοὶ τὰ τοιαῦτα, dans la dialectique.

4. Ἐσοφιζόμεθα, nous discutions avec subtilité.

5. Εἴθε σοι — τότε συνεγενόμην. Sur cet emploi d'εἴθε avec l'indicatif pour exprimer un souhait se rapportant au passe et qui ne peut plus se realiser, V. Madv., § 129, rem. 2.

6. Ὅτε δεινότατος σαυτοῦ ταῦτα ἦσθα, *quum in his rebus te ipse superabas.*

7. Ἐπεὶ τοίνυν τάχιστα, *simul atque.* Τοίνυν marque le retour au sujet après cette digression.

8. Οὔτε—τε, d'un côte il ne leur plaisait pas autrement, de l'autre, si. En latin, *neque et.* Sur cette construction d'un membre de phrase négatif en correlation avec un membre de phrase affirmatif, V. Curt., § 625, 2.

προσέλθοιεν, ὑπὲρ ὧν ἡμάρτανον ἐλεγχόμενοι ἤχθοντο [1].
τὰ δὲ τῆς πόλεως ἔπραττον, ὧνπερ ἕνεκεν καὶ Σωκράτει
προσῆλθον. 48. Ἀλλὰ Κρίτων [2] τε Σωκράτους ἦν ὁμιλητὴς
καὶ Χαιρεφῶν καὶ Χαιρεκράτης καὶ Ἑρμογένης καὶ Σιμίας
καὶ Κέβης καὶ Φαιδώνδας καὶ ἄλλοι οἳ ἐκείνῳ συνῆσαν,
οὐχ ἵνα δημηγορικοὶ ἢ δικανικοὶ γένοιντο, ἀλλ' ἵνα καλοί
τε κἀγαθοὶ γενόμενοι καὶ οἴκῳ καὶ οἰκέταις καὶ οἰκείοις καὶ
φίλοις καὶ πόλει καὶ πολίταις δύναιντο καλῶς χρῆσθαι.
Καὶ τούτων οὐδεὶς οὔτε νεώτερος οὔτε πρεσβύτερος ὢν οὔτ'
ἐποίησε κακὸν οὐδὲν οὔτ' αἰτίαν ἔσχεν.

On a reproché à Socrate d'inspirer aux enfants du mépris pour
leurs pères et de troubler les relations de famille. C'est une
erreur. Il voulait seulement que ces relations fussent autre
chose que des relations tout extérieures et fondées simplement sur le hasard de la naissance ; il prétendait en augmenter la valeur morale en les faisant reposer sur des
sentiments d'estime et de sympathie mutuelles.

49. Ἀλλὰ Σωκράτης γ', ἔφη ὁ κατήγορος, τοὺς πατέρας
προπηλακίζειν [3] ἐδίδασκε, πείθων μὲν τοὺς συνόντας ἑαυτῷ

1. Ἐλεγχόμενοι ἤχθοντο. Pour les verbes qui se joignent au participe et à la place desquels on emploie en français la forme impersonnelle ou une expression adverbiale, V. Curt, § 591, c.

2. Κρίτων, etc., un des plus fidèles disciples de Socrate, ainsi
que Chérephon et son jeune frère Chérécrate. Il faut lire Ἑρμογένης au lieu de Ἑρμοκράτης que donnent la plupart des éditeurs ;
le premier est en effet un disciple connu de Socrate ; l'autre, un
général syracusain qui joua un certain rôle dans la guerre du Péloponèse Simias (Dind. dans le *Thesaurus Stephani*) a prouvé qu'il
fallait écrire Σίμιας et non Σιμμίας) et Cebès étaient venus de Thèbes
pour suivre les leçons de Socrate Phédon était aussi un des plus
chers disciples du maître. V Platon

3. Προπηλακίζειν, *contumelia afficere*. Aristophane, dans les

σοφωτέρους ποιεῖν¹ τῶν πατέρων, φάσκων δὲ κατὰ νόμον ἐξεῖναι παρανοίας ἑλόντι² τὸν πατέρα δῆσαι, τεκμηρίῳ τούτῳ χρώμενος³, ὡς τὸν ἀμαθέστερον ὑπὸ τοῦ σοφωτέρου νόμιμον εἴη δεδέσθαι. 50. Σωκράτης δὲ τὸν μὲν ἀμαθίας ἕνεκα δεσμεύοντα δικαίως ἂν καὶ αὐτὸν ᾤετο δεδέσθαι ὑπὸ τῶν ἐπισταμένων ἃ μὴ αὐτὸς ἐπίσταται· καὶ τῶν τοιούτων ἕνεκα πολλάκις ἐσκόπει τί διαφέρει μανίας ἀμαθία⁴· καὶ τοὺς μὲν μαινομένους ᾤετο συμφερόντως ἂν δεδέσθαι καὶ ἑαυτοῖς καὶ τοῖς φίλοις⁵, τοὺς δὲ μὴ ἐπισταμένους τὰ δέοντα δικαίως ἂν μανθάνειν παρὰ τῶν ἐπισταμένων. 51. Ἀλλὰ Σωκράτης γε, ἔφη ὁ κατήγορος, οὐ μόνον τοὺς πατέρας ἀλλὰ καὶ τοὺς ἄλλους συγγενεῖς ἐποίει ἐν ἀτιμίᾳ εἶναι παρὰ τοῖς ἑαυτῷ συνοῦσι, λέγων ὡς οὔτε τοὺς κάμνοντας οὔτε τοὺς δικαζομένους οἱ συγγενεῖς ὠφελοῦσιν, ἀλλὰ τοὺς μὲν οἱ ἰατροί, τοὺς δὲ οἱ συνδικεῖν ἐπιστάμενοι. 52. Ἔφη δὲ καὶ περὶ τῶν φίλων αὐτὸν λέγειν ὡς οὐδὲν ὄφελος⁶ εὔνους εἶναι, εἰ μὴ καὶ ὠφελεῖν δυνήσονται· μόνους δὲ

Nuées (v. 1407), avait déjà porté cette accusation contre Socrate. V. aussi le *Ménon*, où Socrate s'entretient avec Anytus (son futur accusateur peut-être) de l'inhabileté des parents à bien élever leurs enfants.

1. Πείθων μὲν τοὺς συνόντας ἑαυτῷ σοφωτέρους ποιεῖν. Pour cet infinitif qui se rapporte au sujet principal, V. Madv., § 160.

2. Παρανοίας ἑλόντι, *qui dementia (patrem) convicisset.* Sur ce génitif *de cause* exprimant le délit ou le crime, employé avec tous les verbes relatifs à des actes judiciaires, V. Curt., § 422.

3. Τεκμηρίῳ τούτῳ χρώμενος· τεκμηρίῳ sans article, car Xenophon ne veut pas dire . de *cette* preuve, mais bien de *ceci* (à savoir la formule suivante) comme preuve. V. Curt., § 389, 2

4. Τί διαφέρει μανίας ἀμαθία Xenophon donne dans le troisième livre des *Mémorables* un exemple de cette recherche, 9, 4, sq.

5. Καὶ ἑαυτοῖς καὶ τοῖς φίλοις, ces mots dépendent de συμφερόντως.

6. Ὡς — ὄφελος, s.-e. ἐστί (refert avec l'acc. et l'infin)

φάσκειν αὐτὸν ἀξίους εἶναι τιμῆς τοὺς εἰδότας τὰ δέοντα
καὶ ἑρμηνεῦσαι[1] δυναμένους· ἀναπείθοντα οὖν τοὺς νέους
αὐτὸν ὡς αὐτὸς εἴη σοφώτατός τε καὶ ἄλλους ἱκανώτατος
ποιῆσαι σοφούς, οὕτω διατιθέναι τοὺς ἑαυτῷ συνόντας ὥστε
μηδαμοῦ παρ' αὐτοῖς τοὺς ἄλλους εἶναι[2] πρὸς αὐτόν[3].
53. Ἐγὼ δ' αὐτὸν οἶδα μὲν[4] καὶ περὶ πατέρων τε καὶ τῶν
ἄλλων συγγενῶν καὶ περὶ φίλων[5] ταῦτα λέγοντα· καὶ πρὸς
τούτοις γε δὴ[6] ὅτι τῆς ψυχῆς ἐξελθούσης, ἐν ᾗ μόνῃ γίγνεται
φρόνησις, τὸ σῶμα τοῦ οἰκειοτάτου ἀνθρώπου τὴν ταχίστην ἐξενεγκόντες ἀφανίζουσιν. **54.** Ἔλεγε δ' ὅτι καὶ ζῶν
ἕκαστος ἑαυτοῦ ὃ πάντων[7] μάλιστα φιλεῖ, τοῦ σώματος
ὅ τι ἂν ἀχρεῖον ᾖ καὶ ἀνωφελές, αὐτός τε ἀφαιρεῖ καὶ ἄλλῳ
παρέχει[8]· αὐτοί τέ γε αὐτῶν ὄνυχάς τε καὶ τρίχας καὶ
τύλους ἀφαιροῦσι καὶ τοῖς ἰατροῖς παρέχουσι μετὰ πόνων
τε καὶ ἀλγηδόνων καὶ ἀποτέμνειν καὶ ἀποκάειν, καὶ τούτου χάριν οἴονται δεῖν αὐτοῖς καὶ μισθὸν τίνειν· καὶ τὸ

1. Ἑρμηνεῦσαι, oratione explicare

2. Μηδαμοῦ — εἶναι, nullo numero et loco esse, ou nihili esse.

3. Πρὸς ἑαυτοῦ, præter se, — ad se.

4. Οἶδα μὲν Je suis que Socrate s'est exprime ainsi, — mais on
n'a pas bien compris le sens de ces paroles — C'est à cette pensée
s e que correspond le μεν qui se trouve encore ici sans correlatif.
V. p. 40, note 3. Ἔλεγε δὲ, en effet, un peu plus bas, ne repond pas
a μεν, mais indique simplement l'addition d'un nouveau fait.

5. Περὶ πατερῶν τε και — φθων. Συγγενῶν τε καὶ περὶ φθων sont en
apposition à ἄλλων et la preposition περὶ n'est repetee devant φθων
que parce que ce mot exprime une autre idee que celle de συγγενῶν
et de πατερων.

6. Καὶ — γε δὴ, tum vero etiam, et il a meme ajoute ..

7. Ἑαυτοῦ ὃ πάντων κ τ λ Construisez ο τι ἂν τοῦ σωματος; ὃ
ἑαυτοῦ (de lui-même) παντων μαλιστα φιλεῖ, ἀχρεῖον ᾖ καὶ ἀνωφελές,
αὐτὸς τε ἀφαιρεῖ, etc., quidquid corporis, quod sui omnium maxime
diligit, inutile et supervacaneum, ipse tollit, etc.

8. Παρέχει, tollendum præbet.

σίαλον ἐκ τοῦ στόματος ἀποπτύουσιν ὡς δύνανται πορρω-
τάτω, διότι ὠφελεῖ μὲν οὐδὲν αὐτοὺς ἐνόν, βλάπτει δὲ πολὺ
μᾶλλον. **55.** Ταῦτ' οὖν ἔλεγεν, οὐ τὸν μὲν πατέρα ζῶντα
κατορύττειν διδάσκων, ἑαυτὸν δὲ κατατέμνειν, ἀλλ' ἐπι-
δεικνύων ὅτι τὸ ἄφρον ἄτιμόν ἐστι παρεκάλει ἐπιμέλεσθαι
τοῦ ὡς φρονιμώτατον εἶναι [1] καὶ ὠφελιμώτατον, ὅπως,
ἐάν τε ὑπὸ πατρὸς ἐάν τε ὑπὸ ἀδελφοῦ ἐάν τε ὑπ' ἄλλου
τινὸς βούληται τιμᾶσθαι, μὴ τῷ οἰκεῖος εἶναι πιστεύων
ἀμελῇ, ἀλλὰ πειρᾶται ὑφ' ὧν ἂν βούληται τιμᾶσθαι,
τούτοις ὠφέλιμος εἶναι.

Socrate n'a pas non plus choisi, dans les meilleurs poètes, les
passages les plus dangereux, comme on le lui a reproché,
pour prêcher, avec le secours de ces autorités, le crime et
la violence. Il interprétait ces passages tout autrement que
ne le dit l'accusation, et il n'a jamais fait que du bien, avec
la plus grande libéralité, à tous ceux qui ont été en relation
avec lui.

56. Ἔφη δ' αὐτὸν ὁ κατήγορος καὶ τῶν ἐνδοξοτάτων
ποιητῶν ἐκλεγόμενον [2] τὰ πονηρότατα καὶ τούτοις μαρτυρίοις χρώμενον [3] διδάσκειν τοὺς συνόντας κακούργους τε
εἶναι καὶ τυραννικούς, Ἡσιόδου μὲν τὸ

Ἔργον δ' οὐδὲν ονειδος, ἀεργίη δέ τ' ονειδος [4]·

1. Ὑπιμέλεσθαι τοῦ ὡς φρονιμώτατον εἶναι. Sur ce genitif objectif
de l'infinitif, V. Madv., § 106.

2 Ἐκλεγόμενον — διδάσκειν. Voy., chap. VI, ce que Socrate dit lui-
même à Antiphon de ses recherches dans les ouvrages des anciens.

3. Τούτοις μαρτυρίοις χρώμενον, comme § 49 τεκμηρίῳ τούτῳ χρώμενος. V. p. 71, note 3.

4 Ἔργον ονειδος. Hes. Ἔργα καὶ ἡμέραι. V. 311. Hesiode ne

τοῦτο δὴ[1] λέγειν αὐτὸν ὡς ὁ ποιητὴς κελεύει[2] μηδενὸς
ἔργου μήτ᾽ ἀδίκου μήτ᾽ αἰσχροῦ ἀπέχεσθαι, ἀλλὰ καὶ
ταῦτα ποιεῖν ἐπὶ τῷ κέρδει. **57.** Σωκράτης δ᾽ ἐπεὶ διομολογήσαιτο[3] τὸ μὲν ἐργάτην εἶναι ὠφέλιμόν τε ἀνθρώπω καὶ
ἀγαθὸν εἶναι, τὸ δὲ ἀργὸν βλαβερόν τε καὶ κακόν, καὶ
τὸ μὲν ἐργάζεσθαι ἀγαθόν, τὸ δ᾽ ἀργεῖν κακόν, τοὺς μὲν
ἀγαθόν τι ποιοῦντας ἐργάζεσθαί τε ἔφη καὶ ἐργάτας[4] εἶναι,
τοὺς δὲ κυβεύοντας ἤ τι ἄλλο πονηρὸν καὶ ἐπιζήμιον
ποιοῦντας ἀργοὺς ὑπεκάλει. Ἐκ δὲ τούτων ὀρθῶς ἂν ἔχοι
τὸ

> Ἔργον δ᾽ οὐδὲν ὄνειδος, ἀεργίη δέ τ᾽ ὄνειδος.

58. Τὸ δὲ Ὁμήρου[5] ἔφη ὁ κατήγορος πολλάκις αὐτὸν
λέγειν, ὅτι[6] Ὀδυσσεύς

pule dans ce passage que des travaux de la campagne. Les accusateurs appliquent ce vers détaché à toute sorte d'occupations,
même à de mauvaises, et de plus ils unissent a ὄνειδος le mot
οὐδὲν qui doit s'unir a ἔργον.

1. **Δὴ**, comme § 24 (p. 61, note 1), et plus bas § 58, parce que la
citation a interrompu la suite d'idées à laquelle l'auteur revient
maintenant.

2. **Ὡς ὁ ποιητη, κελευει**, quasi jubeat poeta.

3. **Ἐπεὶ διομολογήσαιτο**, postquam jam id statuerat colloquio.
Pour cet emploi de l'optatif avec ἐπεὶ ou ἐπειδὴ, V. Cult., § 5 7 bis,
b. Dans la plupart des éditions on trouve ici ἐπειδὴ ὁμολογή-
σαιτο.

4. **Ἐργάτας.** Dindorf supprime après ce mot le mot ἀγαθούς, que
l'on trouve chez presque tous les éditeurs et que la suite des idées
rend en effet parfaitement inutile, aussi bien que κακούς après
ἀργούς.

5. **Ὁμήρου**, Iliade, II, 188 et 198. Xenophon ne prend pas tout
le passage: il omet quelques vers dont les uns ne se rapportent
pas à son objet, dont les autres ne semblent pas authentiques à tous
les commentateurs.

6. **Ὅτι Ὀδυσσεύς**, quod Ulysses ducebat

Ὅντινα μὲν βασιλῆα καὶ ἔξοχον ἄνδρα κιχείη,
Τὸν δ' ἀγανοῖς ἐπέεσσιν ἐρητύσασκε παραστάς·
Δαιμόνι', οὔ σε ἔοικε κακὸν ὣς δειδίσσεσθαι,
Ἀλλ' αὐτός τε κάθησο καὶ ἄλλους ἴδρυε λαούς.
Ὃν δ' αὖ δήμου τ' ἄνδρα ἴδοι βοόωντά τ' ἐφεύροι,
Τὸν σκήπτρῳ ἐλάσασκεν ὁμοκλήσασκέ τε μύθῳ·
Δαιμόνι', ἀτρέμας ἧσο, καὶ ἄλλων μῦθον ἄκουε,
Οἳ σέο φέρτεροί εἰσι· σὺ δ' ἀπτόλεμος καὶ ἄναλκις,
Οὔτε ποτ' ἐν πολέμῳ ἐναρίθμιος οὔτ' ἐνὶ βουλῇ.

Ταῦτα δὴ αὐτὸν ἐξηγεῖσθαι, ὡς ὁ ποιητὴς ἐπαινοίη [1] παίεσθαι [2] τοὺς δημότας καὶ πένητας. 59. Σωκράτης δ' οὐ
ταῦτ' ἔλεγε, καὶ γὰρ ἑαυτὸν οὕτω γ' ἂν ᾤετο δεῖν παίεσθαι [3], ἀλλ' ἔφη δεῖν τοὺς μήτε λόγῳ μήτ' ἔργῳ ὠφελί-
μους ὄντας καὶ μήτε στρατεύματι μήτε πόλει μήτε αὐτῷ
τῷ δήμῳ, εἴ τι δέοι, βοηθεῖν ἱκανούς, ἄλλως τ' ἐὰν [4] πρὸς
τούτῳ καὶ θρασεῖς ὦσι, πάντα τρόπον κωλύεσθαι, κἂν
πάνυ πλούσιοι τυγχάνωσιν ὄντες. 60. Ἀλλὰ Σωκράτης γε
τἀναντία τούτων· φανερὸς ἦν καὶ δημοτικὸς καὶ φιλάνθρωπος ὤν· ἐκεῖνος γὰρ πολλοὺς ἐπιθυμητὰς καὶ ἀστοὺς

1. Ὡς ὁ ποιητὴς ἐπαινοίη, *quasi poeta probet, jubeat.* V. pl h.
2 Παίεσθαι, *cædere.* Τοὺς δημότας, comme δημοτικούς, les ple-
beïens, les gens du peuple. § 60, δημοτικός, uni à φιλάνθρωπος, veut
dire *populaire.* Les accusateurs reprochent donc à Socrate d'avoir
cité ce passage d'Homère pour inspirer à ses disciples le mépris du
peuple
3. Ἑαυτὸν — παίεσθαι, car il faisait lui-même partie du peuple.
Pour l'imparfait ᾤετο, V. p. 43, note 7.
4 Ἄλλως τ' ἐάν, *præsertim si ad hoc.*
5 Τἀναντία τούτων, *contra atque illi,* pris adverbialement avec le
génitif à cause de l'idée de différence impliquée dans le mot τἀναντία.

καὶ ξένους λαβὼν οὐδένα πώποτε μισθὸν τῆς συνουσίας
ἐπράξατο[1], ἀλλὰ πᾶσιν ἀφθόνως ἐπήρκει τῶν ἑαυτοῦ[2]·
ὧν τινες μικρὰ μέρη παρ᾽ ἐκείνου προῖκα λαβόντες πολλοῦ τοῖς ἄλλοις ἐπώλουν[3], καὶ οὐκ ἦσαν ὥσπερ ἐκεῖνος
δημοτικοί· τοῖς γὰρ μὴ ἔχουσι χρήματα διδόναι οὐκ
ἤθελον διαλέγεσθαι. 61. Ἀλλὰ Σωκράτης γε καὶ πρὸς τοὺς
ἄλλους ἀνθρώπους[4] κόσμον τῇ πόλει παρεῖχε, πολλῷ μᾶλλον ἢ Λίχας[5] τῇ Λακεδαιμονίων, ὃς ὀνομαστὸς ἐπὶ τούτῳ[6] γέγονε. Λίχας μὲν γὰρ ταῖς γυμνοπαιδίαις[7] τοὺς ἐπι-
δημοῦντας ἐν Λακεδαίμονι ξένους ἐδείπνιζε, Σωκράτης δὲ
διὰ παντὸς τοῦ βίου τὰ ἑαυτοῦ δαπανῶν τὰ μέγιστα πάντας τοὺς βουλομένους ὠφέλει[8]· βελτίους γὰρ ποιῶν τοὺς
συγγιγνομένους ἀπέπεμπεν.

1. Οὐδένα πωποτε μισθὸν — ἐπραξατο, ne demanda jamais. Cf. § 5,
où la même idee est exprimee avec le verbe a l'imparfait, et sur la
difference de l'imparfait et de l'aoriste, au point de vue du sens, V.
Madv., § 113

2. Τῶν ἑαυτοῦ, *de suis rebus*, c'est-à dire de ses connaissances.
Sur le genitif partitif, V. Curt , § 419, 2

3. Ἐπώλουν. On dit qu'Aristippe de Cyrene est le premier des
disciples de Socrate qui ait fait payer ses leçons.

4 Πρὸς τους αλλους ανθρωπους, chez les autres hommes, dans le
monde

5 Λιχας, contemporain de Socrate, celebre par sa liberalite envers les etrangers qui venaient a Sparte pour assister aux gymnopedies (γυμνοπαιδιαις), fetes que l'on celebrait dans le mois d'He
catombeon des jeunes gens et des enfants dansaient nus autour
de la statue d'Apollon en memoire des Spartiates morts a Thyree

6 Ἐπι τουτω, par rapport a cela, a cause de cela, c'est-a-dire
a cause de l'honneur qu'il fit a son pays Τῷ κοσμον παρεχειν τῇ πολει.

7. Γυμνοπαιδιαις Ces fêtes marquaient une date, on disait aux
gymnopedies (a l'epoque des .), comme aux jeux olympiques
(Ὀλυμπιοις), aux dionysiaques (Διονυσιοις), etc. De là le datif V.
Curt., § 113

8. Τα μεγιστα παντας — ὠφελει. Sur cet adjectif neutre qui equivaut ici a un adverbe V Curt § 101

Résumé des deux premiers chapitres : Socrate méritait, non pas la mort, mais de grands honneurs.

62. Ἐμοὶ μὲν δὴ[1] Σωκράτης τοιοῦτος ὢν ἐδόκει τιμῆς ἄξιος εἶναι τῇ πόλει μᾶλλον ἢ θανάτου. Καὶ κατὰ τοὺς νόμους δὲ[2] σκοπῶν ἄν τις τοῦθ' εὕροι· κατὰ γὰρ τοὺς νόμους, ἐάν τις φανερὸς γένηται κλέπτων ἢ λωποδυτῶν ἢ βαλλαντιοτομῶν ἢ τοιχωρυχῶν ἢ ἀνδραποδιζόμενος ἢ ἱεροσυλῶν, τούτοις[3] θάνατός ἐστιν ἡ ζημία· ὧν ἐκεῖνος πάντων ἀνθρώπων πλεῖστον ἀπεῖχεν. **63.** Ἀλλὰ μὴν[4] τῇ πόλει γε οὔτε πολέμου κακῶς συμβάντος οὔτε στάσεως οὔτε προδοσίας οὔτε ἄλλου κακοῦ οὐδενὸς πώποτε αἴτιος ἐγένετο· οὐδὲ μὴν ἰδίᾳ γε οὐδένα πώποτε ἀνθρώπων οὔτε ἀγαθῶν ἀπεστέρησεν οὔτε κακοῖς περιέβαλεν, ἀλλ' οὐδ' αἰτίαν τῶν εἰρημένων οὐδενὸς πώποτ' ἔσχε. **64.** Πῶς οὖν ἂν ἔνοχος εἴη τῇ γραφῇ; ὃς[5] ἀντὶ μὲν τοῦ μὴ νομίζειν θεούς, ὡς ἐν τῇ γραφῇ ἐγέγραπτο, φανερὸς ἦν θεραπεύων τοὺς θεοὺς μάλιστα πάντων ἀνθρώπων, ἀντὶ δὲ τοῦ διαφθείρειν τοὺς νέους, ὃ δὴ ὁ γραψάμενος αὐτὸν ᾐτιᾶτο, φανερὸς ἦν τῶν συνόντων τοὺς πονηρὰς ἐπιθυμίας ἔχοντας τούτων μὲν παύων, τῆς δὲ καλλίστης καὶ μεγαλοπρεπεστάτης ἀρετῆς, ᾗ πόλεις τε καὶ οἶκοι εὖ οἰκοῦσι, προτρέπων ἐπιθυμεῖν· ταῦτα δὲ πράττων πῶς οὐ μεγάλης ἄξιος ἦν τιμῆς τῇ πόλει;

1. Ἐμοὶ μὲν δή, κ τ) Comparez cette phrase à la première du premier chapitre.

2 Καὶ — δὲ. V. p 42, note b.

3 Τούτοις. Le pluriel, parce que τις a été pris dans un sens collectif, et par suite de l'énumération qui précède. V. pl. h, § 64, ἕκαστος — αὐτοί, pour une raison semblable.

4. Ἀλλὰ μήν. V. p 44, note 3.

5. Ὅς, qui quidem, ἀντὶ μὲν τοῦ, à la place de, loin de, nedum.

CHAPITRE III

Piété et tempérance de Socrate

Comment Socrate honorait les dieux.

1. Ὡς δὲ δὴ καὶ ὠφελεῖν[1] ἐδόκει μοι τοὺς συνόντας τὰ μὲν ἔργῳ δεικνύων ἑαυτὸν οἷος ἦν, τὰ δὲ καὶ διαλεγόμενος, τούτων δὴ γράψω ὁπόσα ἂν διαμνημονεύσω. Τὰ μὲν τοίνυν[2] πρὸς τοὺς θεοὺς φανερὸς ἦν καὶ ποιῶν καὶ λέγων ᾗπερ ἡ Πυθία ὑποκρίνεται τοῖς ἐρωτῶσι πῶς[3] δεῖ ποιεῖν ἢ περὶ θυσίας ἢ περὶ προγόνων θεραπείας ἢ περὶ ἄλλου τινὸς τῶν τοιούτων· ἥτε γὰρ Πυθία[4] νόμῳ πόλεως ἀναιρεῖ[5] ποιοῦντας εὐσεβῶς ἂν ποιεῖν, Σωκράτης τε οὕτω καὶ αὐτὸς ἐποίει καὶ τοῖς ἄλλοις παρῄνει, τοὺς δὲ ἄλλως πως ποιοῦντας περιέργους καὶ ματαίους ἐνόμιζεν εἶναι. **2.** Καὶ ηὔχετο δὲ[6] πρὸς

---

1. Καὶ ὠφελεῖν. Socrate ne s'est pas contenté de ne pas nuire a ses disciples, comme nous l'avons vu; mais encore il leur a ete utile. De là le mot καὶ.

2 Τὰ μὲν τοίνυν Μὲν designe la premiere partie du developpement qui va suivre. On trouvera le δὲ correspondant, au commencement de la seconde partie Δίαιτῃ δὲ, § 5.

3 Πῶς V. ἀστι, § 1 du chap. premier, p. 1, note 1

4 Ἥ τε γὰρ Πυθία — Σωκράτης τε et Pythia, ita Socrates.

5 Ἀναιρεῖ, repond Le verbe propre pour signifier . rendre un oracle. V. un passage analogue. Cic , De legibus, II, 16, 40.

6 Καὶ — δὲ, et bien plus (comme nous l'avons remarque deja plusieurs fois).

τοὺς θεοὺς ἁπλῶς τἀγαθὰ διδόναι, ὡς τοὺς θεοὺς[1] κάλλιστα
εἰδότας ὁποῖα ἀγαθά ἐστι· τοὺς δ᾽ εὐχομένους χρυσίον ἢ
ἀργύριον ἢ τυραννίδα ἢ ἄλλο τι τῶν τοιούτων οὐδὲν διά-
φορον ἐνόμιζεν εὔχεσθαι ἢ εἰ κυβείαν ἢ μάχην ἢ ἄλλο τι
εὔχοιντο τῶν φανερῶς ἀδήλων ὅπως ἀποβήσοιτο. 3. Θυσίας
δὲ θύων μικρὰς ἀπὸ μικρῶν οὐδὲν ἡγεῖτο μειοῦσθαι τῶν
ἀπὸ πολλῶν καὶ μεγάλων πολλὰ καὶ μεγάλα θυόντων.
Οὔτε γὰρ τοῖς θεοῖς ἔφη καλῶς ἔχειν[2], εἰ ταῖς μεγάλαις
θυσίαις μᾶλλον ἢ ταῖς μικραῖς ἔχαιρον· πολλάκις γὰρ ἂν
αὐτοῖς τὰ παρὰ τῶν πονηρῶν μᾶλλον ἢ τὰ παρὰ τῶν χρηστῶν εἶναι κεχαρισμένα· οὔτ᾽ ἂν τοῖς ἀνθρώποις ἄξιον
εἶναι ζῆν, εἰ τὰ παρὰ τῶν πονηρῶν μᾶλλον ἦν κεχαρισμένα
τοῖς θεοῖς ἢ τὰ παρὰ τῶν χρηστῶν· ἀλλ᾽ ἐνόμιζε τοὺς
θεοὺς ταῖς παρὰ τῶν εὐσεβεστάτων τιμαῖς μάλιστα χαίρειν.
Ἐπαινέτης δ᾽ ἦν καὶ τοῦ ἔπους τούτου,

Καδδύναμιν[3] δ᾽ ἔρδειν ἱέρ᾽ ἀθανάτοισι θεοῖσι.

Καὶ πρὸς φίλους δὲ καὶ ξένους καὶ πρὸς τὴν ἄλλην δίαιταν
καλὴν ἔφη παραίνεσιν εἶναι τὴν Καδδύναμιν ἔρδειν. 4. Εἰ
δὲ τι δόξειεν[4] αὐτῷ σημαίνεσθαι παρὰ τῶν θεῶν, ἧττον

1. Ὡς τοὺς θεούς Ὡς, devant un genitif ou un accusatif absolu,
a le sens de car. Τοὺς θεούς, repetition intentionnelle, alors que
l'on s'attendrait a αὐτούς simplement.
2 Καλῶς ἔχειν, pulchrum esse, decere. La particule ἄν se sous-
entend dans le style indirect comme dans le style direct; on dirait
καλῶς εἶεν.
3. Καδδύναμιν, pour κατα δύναμιν (Hesiode, op. cit., v. 336.) Un
peu plus bas τὴν Καδδύναμιν ἔρδειν, par attraction pour τὸ Καδδύναμιν, faire ce que l'on peut, suivant ses moyens.
4. Εἰ δὲ τι δόξειεν — ἧττον ἂν ἐπείσθη, quotiescunque videbatur
minus ei persuaderi poterat. Sur le sens de cet aoriste avec ἄν.
V. Curt. § 307.

ἂν ἐπείσθη παρὰ τὰ σημαινόμενα ποιῆσαι ἢ εἴ τις αὐτὸν
ἔπειθεν[1] ὁδοῦ λαβεῖν ἡγεμόνα τυφλὸν καὶ μὴ εἰδότα τὴν
ὁδὸν ἀντὶ βλέποντος καὶ εἰδότος· καὶ τῶν ἄλλων δὲ μωρίαν
κατηγόρει, οἵτινες παρὰ τὰ ὑπὸ τῶν θεῶν σημαινόμενα
ποιοῦσί τι, φυλαττόμενοι τὴν παρὰ τοῖς ἀνθρώποις ἀδο-
ξίαν. Αὐτὸς δὲ πάντα τἀνθρώπινα ὑπερεώρα πρὸς τὴν
παρὰ τῶν θεῶν συμβουλίαν[2].

Preuves de la tempérance de Socrate.

5. Διαίτῃ δὲ τήν τε ψυχὴν ἐπαίδευσε καὶ τὸ σῶμα ᾗ
χρώμενος ἄν τις, εἰ μή τι δαιμόνιον εἴη[3], θαρραλέως καὶ
ἀσφαλῶς διάγοι, καὶ οὐκ ἂν ἀπορήσειε τοσαύτης δαπάνης[4].
Οὕτω γὰρ εὐτελὴς ἦν ὥστ' οὐκ οἶδ' εἴ[5] τις οὕτως ἂν ὀλίγα
ἐργάζοιτο[6] ὥστε μὴ λαμβάνειν τὰ Σωκράτει ἀρκοῦντα·
σίτῳ μὲν γὰρ τοσούτῳ ἐχρῆτο ὅσον ἡδέως ἤσθιε· καὶ ἐπὶ
τοῦτο[7] οὕτω παρεσκευασμένος ᾔει ὥστε τὴν ἐπιθυμίαν τοῦ
σίτου ὄψον αὐτῷ εἶναι· ποτὸν δὲ πᾶν ἡδὺ ἦν αὐτῷ διὰ τὸ
μὴ πίνειν, εἰ μὴ διψῴη. **6.** Εἰ δέ ποτε κληθεὶς ἐθελήσειεν
ἐπὶ δεῖπνον ἐλθεῖν, ὃ τοῖς πλείστοις ἐργωδέστατόν ἐστιν,
ὥστε φυλάξασθαι τὸ ὑπὲρ τὸν κόρον ἐμπίμπλασθαι, τοῦτο

1. Ἢ εἴ τις αὐτὸν ἔπειθεν, *quam si quis ei persuadere conatus
esset.* L'imparfait sert à exprimer ici une action qui ne s'est pas
produite en réalité, mais qui aurait pu se produire.
2. Πρὸς τὴν παρὰ τῶν θεῶν συμβουλίαν, en comparaison (*prx*) des
conseils des dieux.
3. Εἰ μή τι δαιμόνιον εἴη, *nisi quid divinitus accideret.*
4. Τοσαύτης δαπάνης, que celle qui était nécessaire à Socrate.
5. Οὐκ οἶδ' εἰ. V. p. 15, note 1, *haud scit an nemo.*
6. Ἂν — ἐργάζοιτο, *operae mercedem ferre posset.*
7. Ἐπὶ τοῦτο, scil. τὸ ἐσθίειν.

ῥαδίως πάνυ ἐφυλάττετο τοῖς δὲ μὴ δυνημένοις τοῦτο ποιεῖν συνεβούλευε φυλάττεσθαι τὰ πείθοντα μὴ πεινῶντας ἐσθίειν[1] μηδὲ διψῶντας πίνειν· καὶ γὰρ τὰ λυμαινόμενα γαστέρας καὶ κεφαλὰς καὶ ψυχὰς ταῦτ' ἔφη εἶναι. **7.** Οἴεσθαι δ' ἔφη ἐπισκόπτων καὶ τὴν Κίρκην[2] ὃς ποιεῖν τοιούτοις πολλοῖς δειπνίζουσαν· τὸν δὲ Ὀδυσσέα Ἑρμοῦ τε ὑποθημοσύνῃ καὶ αὐτὸν ἐγκρατῆ ὄντα καὶ ἀποσχόμενον τὸ ὑπὲρ τὸν κόρον τῶν τοιούτων ἅπτεσθαι, διὰ ταῦτα οὐ γενέσθαι ὗν. **8.** Τοιαῦτα μὲν περὶ τούτων ἔπαιζεν ἅμα σπουδάζων.·

Ἀφροδισίων δὲ παρῄνει τῶν καλῶν ἰσχυρῶς ἀπέχεσθαι· οὐ γὰρ ἔφη ῥᾴδιον εἶναι τῶν τοιούτων ἁπτόμενον[3] σωφρονεῖν[4] Ἀλλὰ καὶ Κριτόβουλόν ποτε τὸν Κρίτωνος πυθόμενος ὅτι ἐφίλησε τὸν Ἀλκιβιάδου υἱὸν καλὸν ὄντα, παρόντος τοῦ Κριτοβούλου ἤρετο Ξενοφῶντα· **9.** Εἰπέ μοι, ἔφη, ὦ Ξενοφῶν, οὐ σὺ Κριτόβουλον ἐνόμιζες εἶναι τῶν σωφρονικῶν[5] ἀνθρώπων μᾶλλον ἢ τῶν θρασέων καὶ τῶν προνοητικῶν μᾶλλον ἢ τῶν ἀνοήτων τε καὶ ῥιψοκινδύνων; Πάνυ μὲν οὖν, ἔφη ὁ Ξενοφῶν. Νῦν τοίνυν νόμιζε αὐτὸν θερμουργότατον εἶναι καὶ λεωργότατον· οὗτος κἂν εἰς μαχαίρας κυβιστήσειε[6] κἀνεὶς πῦρ ἅλοιτο. **10.** Καὶ τί δή[7], ἔφη ὁ Ξενοφῶν,

1. Ἰα πειθοντα μὴ πεινῶντας ἐσθίειν, ce qui excite à manger ceux qui n'ont pas faim.
2 Ἰην Κιρκην V Odysde, X, 229 et sq
3. Ἀπτομινον. Participe qui sert de sujet à la proposition infinitive En françois, si l'on s'attache.
4. Σωφρονεῖν, animi constantiam servare. L'interlocuteur du dialogue qui suit est Xenophon, l'auteur meme de ce livre C'est le seul cas ou il paraisse dans les *Mémorables*.
5. Σωφρονικῶς, modestorum, par opp. à θρασέων.
6. Κυβιστήσειε, præcipitem se daret
7. Καὶ τί δή — Ἰδων τοιαῦτα. Καὶ, et interrogatif en français :

ἰδὼν ποιοῦντα τοιαῦτα κατέγνωκας αὐτοῦ; Οὐ γὰρ¹ οὗτος;,
ἔφη, ἐτόλμησε τὸν Ἀλκιβιάδου υἱὸν φιλῆσαι, ὄντα εὐπρο-
σωπότατον καὶ ὡρκιότατον; Ἀλλ᾽ εἰ μέντοι², ἔφη ὁ
Ξενοφῶν, τοιοῦτόν ἐστι τὸ ῥιψοκίνδυνον ἔργον³, κἂν ἐγὼ
δοκῶ μοι τὸν κίνδυνον τοῦτον ὑπομεῖναι⁴. 11. Ὦ τλῆμον,
ἔφη ὁ Σωκράτης, καὶ τί ἂν οἴει παθεῖν κα᾽ ᾽ν φιλήσας;
ἆρ᾽ οὐκ⁵ ἂν αὐτίκα μάλα δοῦλος μὲν εἶναι ἀντ᾽ ἐλευθέρου,
πολλὰ δὲ δαπανᾶν εἰς βλαβερὰς ἡδονάς, πολλὴν δὲ ἀσχο-
λίαν ἔχειν τοῦ ⁶ ἐπιμεληθῆναί τινος καλοῦ κἀγαθοῦ, σπου-
δάζειν δ᾽ ἀναγκασθῆναι ἐφ᾽ οἷς ⁷ οὐδ᾽ ἂν μαινόμενος ⁸ σπου-
δάσειεν; 12. Ὦ Ἡράκλεις, ἔφη ὁ Ξενοφῶν, ὡς δεινήν τινα ⁹
λέγεις δύναμιν τοῦ φιλήματος εἶναι. Καὶ τοῦτο, ἔφη ὁ
Σωκράτης, θαυμάζεις; οὐκ οἶσθὰ ὅτι τὰ φαλάγγια οὐδ᾽
ἡμιωβολιαῖα τὸ μέγεθος ὄντα προσαψάμενα μόνον τῷ

mais enfin; *quid tandem...?* Sur cet emploi du participe, gouvernant un pronom interrogatif, V. Madv., § 176. a La proposition
entière se traduirait en latin par *Quid tandem facere eum vidisti,
de quo tam male sentis?*

1. Οὐ γαρ, *nonne igitur..* dans une question qui est en même
temps une réplique.

2. Ἀλλ᾽ εἰ μεντοι, *at si profecto.*

3 Τὸ ῥιψοκίνδυνον ἔργον, l'action périlleuse. Ῥιψοκίνδυνος se dit
plus ordinairement des hommes (V. pl h.). Xénophon met ici l'article parce qu'il répète un mot qu'il a mis dans la bouche de
Socrate . le péril dont tu as parle.

4. Κἂν ἐγὼ δοκῶ — ὑπομεῖναι, *etiam ego videor* posse *hoc peri-
culum subire.* Ἀν porte sur ὑπομεῖναι V. p. 48, note 7.

5. Ἆρ᾽ οὐκ. Sur la différence de ἆρ᾽ οὐκ et de ἆρα μή, V. Curt.,
§ 608

6. Πολλην δε ασχολιαν εχειν του, *nimis occupatum esse, quominus*

7. Ἐφ οἷς — σπουδασειεν. Ἐπὶ, avec le datif, sert a exprimer le
but, Σπουδαζειν ἐτι τινι, *rem studiose curare, sectari.*

8. Μαινομενος V p 81, note 3.

9 Δεινήν τινα On met de même en latin *quidam* avec un adjectif
pour en faire ressortir la valeur

στόματι ταῖς τε ὀδύναις ἐπιτρίβει τοὺς ἀνθρώπους καὶ
τοῦ φρονεῖν ἐξίστησι[1]; Ναί μὰ Δί', ἔφη ὁ Ξενοφῶν· ἐνίησι
γάρ τι τὰ φαλάγγια κατὰ τὸ δῆγμα[2]. 13. Ὦ μῶρε,
ἔφη ὁ Σωκράτης, τοὺς δὲ καλούς;[3] οὐκ οἴει φιλοῦντας
ἐνιέναι τι, ὅτι σὺ οὐχ ὁρᾷς; οὐκ οἶσθ' ὅτι τοῦτο τὸ θηρίον[4],
ὃ καλοῦσι καλὸν καὶ ὡραῖον, τοσούτῳ δεινότερόν ἐστι
τῶν φαλαγγίων ὅσῳ ἐκεῖνα μὲν ἁψάμενα, τοῦτο δὲ οὐδ'
ἁπτόμενον ἐνίησί τι καὶ πάνυ πρόσωθεν τοιοῦτον ὥστε
μαίνεσθαι ποιεῖν; ἀλλὰ συμβουλεύω σοι, ὦ Ξενοφῶν,
ὁπόταν ἴδῃς τινὰ καλόν, φεύγειν προτροπάδην. Σοὶ δ',
ὦ Κριτόβουλε, συμβουλεύω ἀπενιαυτίσαι· μόλις γὰρ ἄν πως
ἐν τοσούτῳ χρόνῳ ὑγιὴς γένοιο. 14. Οὕτω δὴ καὶ ἀφρο-
δισιάζειν τοὺς μὴ ἀσφαλῶς ἔχοντας πρὸς ἀφροδίσια ᾤετο
χρῆναι πρὸς τοιαῦτα, οἷα μὴ πάνυ μὲν δεομένου τοῦ σώματος οὐκ ἂν προσδέξαιτο ἡ ψυχή, δεομένου δὲ οὐκ ἂν
πράγματα παρέχοι. Αὐτὸς δὲ πρὸς ταῦτα φανερὸς ἦν οὕτω
παρεσκευασμένος ὥστε ῥᾷον ἀπέχεσθαι τῶν καλλίστων καὶ
ὡραιοτάτων ἢ οἱ ἄλλοι τῶν αἰσχίστων καὶ ἀωροτάτων.

1. Του φρονεῖν ἐξίστησι, *mente destituit.*
2. Κατὰ τὸ δῆγμα, *in mordendo.*
3 Τοὺς δὲ καλούς Dans une interrogation vive, δὲ est souvent
ainsi employé sans μὲν correspondant Celui-ci se trouverait dans
une proposition sous-entendue, et si l'on exprimait ici cette proposition, on aurait : Ἴα μὲν φαλάγγια ἐνιέναι τι οἴει, τοὺς δὲ καλοὺς
οὐκ οἴει;
4. Θηρίον, cette bête feroce, en parlant cependant d'un homme.

CHAPITRE IV

Entretien de Socrate et d'Aristodème
sur l'existence des dieux et la Providence

L'ordre du monde, et en particulier la structure du corps humain et les facultés de l'esprit humain, prouvent que les dieux existent et qu'ils veillent sur les hommes qu'ils ont formés. Ils font connaître leurs volontés par les oracles.

1. Εἰ δέ τινες Σωκράτην νομίζουσιν, ὡς ἔνιοι γράφουσί τε καὶ λέγουσι περὶ αὐτοῦ τεκμαιρόμενοι[1], προτρέψασθαι μὲν ἀνθρώπους ἐπ' ἀρετὴν κράτιστον γεγονέναι, προαγαγεῖν[2] δ' ἐπ' αὐτὴν οὐχ ἱκανόν, σκεψάμενοι μὴ μόνον[3] ἃ ἐκεῖνος κολαστηρίου ἕνεκα τοὺς πάντ' οἰομένους εἰδέναι[4] ἐρωτῶν

---

1. Τεκμαιρόμενοι, *conjectura potius quam certis rationibus ducti*, c'est-à-dire sans considérer la doctrine et les préceptes de Socrate. Suivant une conjecture assez plausible, il faudrait lire οἷς au lieu de ὡς. On aurait ainsi un complément à τεκμαιρόμενοι : τεκμαιρόμενοι τούτοις (οἷς par attr.) ἃ ἔνιοι, κ. τ.)

2. Προαγαγεῖν δε. On trouve dans Cicéron, *Or.*, I, 46, le souvenir de cette accusation *Ut Socratem illum solitum aiunt dicere, perfectum sibi opus esse, si quis satis esset concitatus cohortatione sua ad studium cognoscendæ percipiendæque virtutis : quibus enim id persuasum esset, ut nihil mallent se esse quam bonos viros, iis reliquam facilem esse doctrinam.* Sur ces infinitifs aoristes, qui font penser aux cas particuliers dans lesquels s'est produite l'action exprimée par les verbes, V. Madv., § 172

3. Μὴ μόνον Μή, à cause de l'impératif δοκιμαζόντων.

4. Τοὺς πάντ' οἰομένους εἰδέναι allusion aux sophistes

ἤλεγχεν, ἀλλὰ καὶ ἃ λέγων συνημέρευε τοῖς συνδιατρίβουσι, δοκιμαζόντων εἰ ἱκανὸς ἦν βελτίους ποιεῖν τοὺς συνόντας. **2.** Λέξω δὲ πρῶτον ἅ ποτε αὐτοῦ ἤκουσα περὶ τοῦ δαιμονίου[1] διαλεγομένου πρὸς Ἀριστόδημον[2] τὸν μικρὸν ἐπικαλούμενον. Καταμαθὼν γὰρ αὐτὸν οὔτε θύοντα τοῖς θεοῖς οὔτε μαντικῇ χρώμενον, ἀλλὰ καὶ τῶν ποιούντων ταῦτα καταγελῶντα, Εἰπέ μοι, ἔφη, ὦ Ἀριστόδημε, ἔστιν οὕστινας;[3] ἀνθρώπους τεθαύμακας ἐπὶ σοφίᾳ; — Ἔγωγ', ἔφη. — **3.** Καὶ ὅς, Λέξον ἡμῖν, ἔφη, τὰ ὀνόματα αὐτῶν. — Ἐπὶ μὲν τοίνυν ἐπῶν ποιήσει Ὅμηρον ἔγωγε μάλιστα τεθαύμακα, ἐπὶ δὲ διθυράμβῳ[4] Μελανιππίδην', ἐπὶ δὲ τραγῳδίᾳ Σοφοκλέα[6], ἐπὶ δὲ ἀνδριαντοποιίᾳ Πολύκλειτον[7], ἐπὶ δὲ ζωγραφίᾳ Ζεῦξιν[8]. — **4.** Πότερά σοι δοκοῦσιν οἱ ἀπεργαζόμενοι εἴδωλα ἄφρονά τε καὶ ἀκίνητα ἀξιοθαυμαστότεροι εἶναι ἢ οἱ ζῷα ἔμφρονά τε καὶ ἐνεργά; — Πολὺ νὴ Δία

1. Τοῦ δαιμονίου, la divinité en tant qu'elle se manifeste.

2. Ἀριστόδημος Cet Aristodème devint par la suite un des plus fidèles disciples de Socrate. Il figure dans le *Banquet* de Platon.

3. Ἔστιν οὕστινας Sur cette anomalie remarquable, V. Curt, § 606, et Madv., § 102 Ἔστιν équivaut ici à notre français *il y a des hommes*.

4. Διθυράμβῳ. Il est rare de trouver ce mot au singulier. Aussi a-t-on proposé de lire ici διθυράμβων, s. e. ποιήσει, comme un peu plus haut ἐπῶν ποιήσει.

5 Μελανιππίδην Il y a eu deux poètes de ce nom, le grand-père et le petit-fils, tous deux originaires de Melos, tous deux auteurs de poèmes dithyrambiques. Le dernier était contemporain de Socrate et c'est probablement celui dont il est ici question.

6 Σοφοκλέα, le célèbre poète tragique d'Athènes, 497 ou 495-406 av. J.-C.

7. Πολύκλειτον, sculpteur fameux, de Sicyone, v. 430 av. J.-C.

8 Ζεῦξιν, d'Heraclée ou d'Ephèse. Ce sont là d'ailleurs des noms trop connus pour qu'il soit nécessaire d'en parler ici. Toutefois il est intéressant de voir les choix que fait Xénophon parmi des noms fameux, en particulier pour celui de Sophocle.

οἱ ζῷα, εἴπερ γε[1] μὴ τύχῃ τινί, ἀλλ' ὑπὸ γνώμης[2] ταῦτα γίγνεται. — Τῶν δὲ ἀτεκμάρτως ἐχόντων ὅτου ἕνεκά
ἐστι[3] καὶ τῶν φανερῶς ἐπ' ὠφελείᾳ ὄντων πότερα τύχης
καὶ πότερα γνώμης ἔργα κρίνεις; — Πρέπει μὲν[4] τὰ ἐπ'
ὠφελείᾳ γιγνόμενα γνώμης εἶναι ἔργα. — 5. Οὔκουν δοκεῖ
σοι ὁ ἐξ ἀρχῆς ποιῶν[5] ἀνθρώπους ἐπ' ὠφελείᾳ προσθεῖναι
αὐτοῖς δι' ὧν αἰσθάνονται ἕκαστα, ὀφθαλμοὺς μὲν ὥσθ'
ὁρᾶν τὰ ὁρατά, ὦτα δὲ ὥστ' ἀκούειν τὰ ἀκουστά; ὀσμῶν
γε μήν[6], εἰ μὴ ῥῖνες προσετέθησαν, τί ἂν ἡμῖν ὄφελος ἦν;
τίς δ' ἂν αἴσθησις ἦν γλυκέων καὶ δριμέων καὶ πάντων

1. Εἴπερ γε, si quidem.
2. Τύχῃ τινί, ἀλλα ὑπὸ γνώμης. Remarquez la différence du simple
datif τύχη et du génitif γνωμης avec ὑπὸ. Τύχη n'est considéré que
comme un instrument, tandis que γνώμη implique l'intervention
d'une personne.
3 Τῶν δὲ ἀτεκμάρτως .. ἐστι, ex illis autem rebus, quas conjectura assequi non licet, quam ob causam facta sint.
4. Πρέπει μέν. Μέν équivaut ici à μήν, profecto, certe
5. Ὁ ἐξ ἀρχῆς ποιῶν. Cette discussion fait voir la supériorité de
la philosophie de Socrate sur celle de ses devanciers Les anciens
philosophes, tout entiers à la physique, voulaient expliquer la
structure du corps humain, prétendaient déterminer les éléments
qui le composent et rendre compte, par les combinaisons de ces
éléments, de la structure et de la nature de chaque partie; mais
ils négligeaient d'interpréter cette structure même des parties,
cette forme qui les rend propres, ainsi que le corps dans son ensemble, aux usages de la vie et fait surtout à révéler l'intelligence
du Créateur. On dit cependant que Démocrite, qui était très savant
en anatomie, toucha a ce sujet; mais ce fut plutôt par la force des
choses qu'avec une pleine conscience du problème Aristote, dans
son traité de Part, ch. 1er, dont les quatre livres sont le développement de cet argument, fait remarquer que Socrate renonça le
premier a l'ancienne manière de philosopher, pour s'attacher a
cette façon nouvelle de considérer les êtres organisés (Schneider).
6. Ὀσμῶν γε μήν, sero Γε μήν sert ici (comme plus bas, chap. vi,
§ 6) a marquer un progrès dans cette énumération d'exemples et
remplace la particule δε, dont la répétition trop fréquente rendrait
le style monotone

τῶν διὰ στόματος ἡδέων, εἰ μὴ γλῶττα τούτων γνώμων ἐνειργάσθη ; 6. Πρὸς δὲ τούτοις οὐ δοκεῖ σοι καὶ τόδε προνοίας ἔργοις ἐοικέναι[1], τὸ ἐπεὶ ἀσθενὴς μέν ἐστιν ἡ ὄψις, βλεφάροις αὐτὴν θυρῶσαι, ἃ ὅταν μὲν αὐτῇ χρῆσθαί τι[2] δέῃ, ἀναπετάννυται, ἐν δὲ τῷ ὕπνῳ συγκλῄεται ; ὡς[3] δ' ἂν μηδ' ἄνεμοι βλάπτωσιν, ἠθμὸν βλεφαρίδας ἐμφῦσαι· ὀφρύσι τε ἀπογεισῶσαι[4] τὰ ὑπὲρ τῶν ὀμμάτων, ὡς μηδ' ὁ ἐκ τῆς κεφαλῆς ἱδρὼς κακουργῇ· τὸ δὲ τὴν ἀκοὴν δέχεσθαι[5] μὲν πάσας φωνάς, ἐμπίμπλασθαι δὲ μήποτε· καὶ τοὺς μὲν πρόσθεν ὀδόντας πᾶσι ζῴοις οἵους τέμνειν[6] εἶναι, τοὺς δὲ γομφίους οἵους παρὰ τούτων δεξαμένους λεαίνειν· καὶ στόμα μὲν, δι' οὗ ὧν ἐπιθυμεῖ τὰ ζῷα εἰσπέμπεται, πλησίον ὀφθαλμῶν καὶ ῥινῶν καταθεῖναι[7]· ἐπεὶ δὲ τὰ ἀποχωροῦντα δυσχερῆ[8], ἀποστρέψαι τοὺς τούτων ὀχετοὺς ᾗ

1. Δοκεῖ . ἔργοις ἐοικέναι. Certains manuscrits donnent ἔργον au lieu de ἔργοις, et le sens est alors, en latin, *videtur — providentia opus existimandum.* Avec ἔργοις, il est inutile de donner à ἐοικέναι le sens de paraître, *haberi, existimari.* Τόδε — τὸ, c'est-à-dire toutes les actions exprimées par les infinitifs qui suivent : θυρῶσαι, ἐμφῦσαι, ἀπογεισῶσαι, *ressemblent bien à des actes* de la providence

2. Χρῆσθαί τι Sur ce mot τι ajouté au verbe pour le déterminer avec plus de force, V. Curt., § 401.

3. Ὡς δ' ἂν... βλάπτωσιν. Sur l'emploi de ἄν avec ὡς, V. Curt., § 531, rem.

4 Ἀπογεισῶσαι. Cicéron exprime la même idée dans le *De natura Deorum,* II, 57 · « *Superiora, supercilus obducta, sudorem a capite et a fronte defluentem repellunt* »

5 Τὸ δὲ — δέχεσθαι. Cet infinitif et les suivants sont sujets de la dernière proposition de ce paragraphe ou les actions qu'ils expriment sont resumees par le mot ταῦτα.

6. Οἵους τέμνειν La locution complete serait τοιούτους οἵους V. Curt , § 553, 4, c., et § 601.

7 Καταθεῖναι Ici, comme plus bas, § 11, l'auteur des choses est considere comme un artiste qui met chaque organe à la place qui lui convient

8 Δυσχερῆ, ς ρ. ἐστιν.

δυνατὸν προσωτάτω ἀπὸ τῶν αἰσθήσεων· ταῦτα οὕτω
προνοητικῶς πεπραγμένα ἀπορεῖς πότερα τύχης ἢ γνώμης
ἔργα ἐστίν; — 7. Οὐ μὰ τὸν Δί'[1], ἔφη, ἀλλ'οὕτω γε σκο-
πουμένῳ[2] πάνυ ἔοικε ταῦτα σοφοῦ τινος δημιουργοῦ καὶ
φιλοζώου τεχνήματι. — Τὸ δὲ ἐμφῦσαι μὲν ἔρωτα τῆς
τεκνοποιίας, ἐμφῦσαι δὲ ταῖς γειναμέναις ἔρωτα τοῦ ἐκτρέ-
φειν, τοῖς δὲ τραφεῖσι μέγιστον μὲν πόθον τοῦ ζῆν, μέγιστον δὲ φόβον τοῦ θανάτου; — Ἀμέλει[3] καὶ ταῦτα ἔοικε
μηχανήμασί τινος ζῷα εἶναι βουλευσαμένου. — 8. Σὺ δὲ
σαυτὸν φρόνιμόν τι δοκεῖς ἔχειν[4], ἄλλοθι δὲ οὐδαμοῦ οὐδὲν οἴει φρόνιμον εἶναι; καὶ ταῦτ'[5] εἰδὼς ὅτι γῆς τε μικρὸν
μέρος ἐν τῷ σώματι πολλῆς οὔσης ἔχεις καὶ ὑγροῦ βραχὺ
πολλοῦ ὄντος καὶ τῶν ἄλλων δήπου μεγάλων ὄντων ἐλά-
στου μικρὸν μέρος λαβόντι τὸ σῶμα συνήρμοσταί σοι· νοῦν
δὲ μόνον ἄρα οὐδαμοῦ ὄντα σε εὐτυχῶς πως δοκεῖς συναρ-
πάσαι[6], καὶ τάδε τὰ ὑπερμεγέθη καὶ πλῆθος ἄπειρα δι'
ἀφροσύνην τινὰ οὕτως οἴει εὐτάκτως ἔχειν; — 9. Μὰ

1. Οὐ μα τὸν Δί', 8 -e. ἀπορῶ.
2. Σχοπουμενῳ, si l'on considère V Curt., § 43>, pour cet usage
du participe.
3. Ἀμέλει, pris adverbialement, certe
4 Σαυτον — ἔχειν. Sur cet emploi de σαυτον pour renforcer
l'idée du sujet, V Curt., § 569, 1em Apres ces mots, Schneider
et Dindorf suppriment une reponse d'Aristodème. Ἐρώτα γοῦν καὶ
ἀποκρινοῦμαι, qui est donnée dans la plupart des editions, mais qui
semble en effet peu naturelle et que Bessarion avait déjà omise
dans sa traduction.
5. Καὶ ταυτα, idque ou præsertim cum
6. Νοῦν σε — συναρπασαι Cic., De nat. Deorum, II, 6, 18 : Unde
enim hanc (mentem) homo arripuit? ut ait apud Xenophontem
Socrates Et dans un autre passage, III, 11, 26 . At enim quent
apud Xenophontem Socrates, unde animum arripuerimus, si nullus
fuerit in mundo. V le même argument dans le Philèbe de Platon,
p 30 B

Δί', οὐ γὰρ ὁρῶ τοὺς κυρίους, ὥσπερ τῶν ἐνθάδε γιγνομένων τοὺς δημιουργούς. — Οὐδὲ γὰρ τὴν σαυτοῦ σύγε ψυχὴν ὁρᾷς, ἣ τοῦ σώματος κυρία ἐστίν· ὥστε κατά γε τοῦτο ἔξεστί σοι λέγειν ὅτι οὐδὲν γνώμῃ, ἀλλὰ τύχῃ πάντα πράττεις. — 10. Καὶ ὁ Ἀριστόδημος, Οὗτοι, ἔφη, ἐγώ, ὦ Σώκρατες, ὑπερορῶ τὸ δαιμόνιον, ἀλλ' ἐκεῖνο μεγαλοπρεπέστερον ἡγοῦμαι ἢ ὡς τῆς ἐμῆς θεραπείας προσδεῖσθαι. — Οὐκοῦν, ἔφη, ὅσῳ μεγαλοπρεπέστερον ἀξιοῖ σε θεραπεύειν, τοσούτῳ μᾶλλον τιμητέον αὐτό. — 11. Εὖ ἴσθι, ἔφη, ὅτι, εἰ νομίζοιμι θεοὺς ἀνθρώπων τι φροντίζειν, οὐκ ἂν ἀμελοίην αὐτῶν. — Ἔπειτ' οὐκ οἴει φροντίζειν; οἳ πρῶτον μὲν μόνον τῶν ζῴων ἄνθρωπον ὀρθὸν ἀνέστησαν· ἡ δὲ ὀρθότης καὶ προορᾶν πλέον ποιεῖ δύνασθαι καὶ τὰ ὕπερθεν μᾶλλον θεᾶσθαι καὶ ἧττον κακοπαθεῖν· ἔπειτα τοῖς μὲν ἄλλοις ἑρπετοῖς πόδας ἔδωκαν, οἳ τὸ πορεύεσθαι μόνον παρέχουσιν· ἀνθρώπῳ δὲ καὶ χεῖρας προσέθεσαν, αἳ τὰ πλεῖστα οἷς εὐδαιμονέστεροι ἐκείνων ἐσμὲν ἐξεργάζονται. 12. Καὶ μὴν γλῶττάν γε πάντων τῶν ζῴων ἐχόντων, μόνην τὴν τῶν ἀνθρώπων ἐποίησαν οἵαν ἄλλοτε ἀλλαχῇ ψαύου-

---

1. Μα Δι'. Cette forme de serment est toujours accompagnée ou précedée (comme ici) d'une negation, et a par consequent un sens negatif. assurément non! ἄλλοθι οὐδαμοῦ οὐδὲν οἶμαι φρόνιμον εἶναι V. Cuit., § 643, 16

2. Οὐδὲ γὰρ, *et ne — quidem*. Γαρ s'explique par une ellipse : οὐχ ὁρᾷς τοὺς κυρίους· οὐδὲ γὰρ, κ.τ λ. V. Cuit , § 636, 6, c.

3. Ὑπερορῶ τὸ δαιμόνιον. V. p 95, note 2.

4. Ἢ ὡς, comme ἢ ὥστε

5. Ἔπειτ', *quid ergo.* ?

6. Οἳ, eux qui. — Ὃς est employé dans le même sens, plus haut II, §§ 1 et 64.

7. Καὶ μλ', *jam vero,* bien plus.

8 Οαι V. p. 87, note 6

σαν τοῦ στόματος ἀρθροῦν τε τὴν φωνὴν καὶ σημαίνειν[1] πάντα ἀλλήλοις ἃ βουλόμεθα. Τὸ δὲ καὶ τὰς τῶν ἀφροδισίων ἡδονὰς τοῖς μὲν ἄλλοις ζῴοις δοῦναι περιγράψαντας τοῦ ἔτους χρόνον, ἡμῖν δὲ συνεχῶς μέχρι γήρως ταῦτα παρέχειν[2] ; 13. Οὐ τοίνυν[3] μόνον ἤρκεσε τῷ θεῷ τοῦ σώματος ἐπιμεληθῆναι, ἀλλ᾿ ὅπερ μέγιστόν ἐστι, καὶ τὴν ψυχὴν κρατίστην[4] τῷ ἀνθρώπῳ ἐνέφυσε. Τίνος γὰρ ἄλλου ζῴου ψυχὴ πρῶτα μὲν θεῶν τῶν τὰ μέγιστα καὶ κάλλιστα συνταξάντων ᾔσθηται ὅτι εἰσί[5] ; τί δὲ φῦλον ἄλλο ἢ ἄνθρωποι θεοὺς θεραπεύουσι[6] ; ποία δὲ ψυχὴ τῆς ἀνθρωπίνης ἱκανωτέρα προφυλάττεσθαι ἢ λιμὸν ἢ δίψος ἢ ψύχη ἢ θάλπη[7], ἢ νόσοις ἐπικουρῆσαι, ἢ ῥώμην ἀσκῆσαι, ἢ πρὸς μάθησιν ἐκπονῆσαι[8], ἢ ὅσα ἂν ἀκούσῃ ἢ ἴδῃ ἢ μάθῃ ἱκανωτέρα ἐστὶ διαμεμνῆσθαι ; 14. Οὐ γὰρ[9] πάνυ σοι κατάδηλον ὅτι παρὰ τἆλλα ζῷα[10] ὥσπερ θεοὶ ἄνθρωποι βιοτεύουσι, φύσει καὶ τῷ σώματι καὶ τῇ ψυχῇ κρατιστεύοντες ; Οὔτε

---

1 Καὶ σημαίνειν, s.-e. ὥστε ἡμᾶς.

2. Τὸ δὲ — δοῦναι — παρέχειν, s. e. οὐ θαυμαστόν, ou infinitif d'exclamation.

3 Οὐ τοίνυν, *nec vero*

4. Τὴν ψυχὴν κρατίσταν, et non τὴν κρατίστην ψυχήν, pour faire ressortir toute la valeur de ce qualificatif. En latin, on obtient le même effet en séparant l'adjectif du nom *animum homini ingenerat optimum.*

5. Θεῶν — ᾔσθηται ὅτι εἰσί Ex de *prolepse*, pour ᾔσθηται ὅτι θεοί — εἰσί. V. Curt., § 519, 5, rem. 2.

6 Τί δὲ φῦλον ἄλλα ἢ ἄνθρωποι — θεραπεύουσι Le verbe est au pluriel par attraction, ou parce que φῦλον est un nom collectif ; ἄνθρωποι est sans article parce qu'il est pris dans un sens général et indéterminé V. Curt., § 376.

7. Ψύχη, θάλπη Pour ces pluriels, V. Curt., § 362, 2.

8 Ἐκπονῆσαι, pris ici comme intransitif *eniti.*

9. Οὐ γὰρ —, *nonne igitur ..?*

10 Παρὰ τἆλλα ζῷα, *præter*, en comparaison de...

γὰρ βοὸς ἂν ἔχων σῶμα, ἀνθρώπου δὲ γνώμην, ἐδύνατ᾽
ἂν[1] πράττειν ἃ ἐβούλετο[2], οὔθ᾽ ὅσα χεῖρας ἔχει[3], ἄφρονα
δ᾽ ἐστί, πλέον οὐδὲν ἔχει. Σὺ δ᾽ ἀμφοτέρων τῶν πλείστου
ἀξίων τετυχηκὼς[4] οὐκ οἴει σου θεοὺς ἐπιμελεῖσθαι; Ἀλλ᾽
ὅταν τί ποιήσωσι[5], νομιεῖς αὐτούς σου φροντίζειν; — 15.
Ὅταν πέμπωσιν, ὥσπερ σὺ φὴς πέμπειν αὐτούς, συμβούλους[6] ὅ τι χρὴ ποιεῖν καὶ μὴ ποιεῖν. — Ὅταν δὲ Ἀθη-
ναίοις, ἔφη, πυνθανομένοις τι διὰ μαντικῆς φράζωσιν, οὐ
καὶ σοὶ δοκεῖς φράζειν αὐτούς; οὐδ᾽ ὅταν τοῖς Ἕλλησι
τέρατα πέμποντες προσημαίνωσιν, οὐδ᾽ ὅταν πᾶσιν ἀνθρώποις, ἀλλὰ μόνον σὲ ἐξαιροῦντες ἐν ἀμελείᾳ κατατίθενται[7];
16. Οἴει δ᾽ ἂν τοὺς θεοὺς τοῖς ἀνθρώποις δόξαν ἐμφῦσαι ὡς
ἱκανοί εἰσιν εὖ καὶ καλῶς ποιεῖν, εἰ μὴ δυνατοὶ ἦσαν[8], καὶ

1. Ἂν ἔχων — ἐδύνατ᾽ ἄν. S.-e τις, apres ἔχων, mais qui est inutile avec un participe ou un adjectif. Le participe exprime ici une
condition qui ne se realise pas et que l'on exprime souvent par une
proposition particulière. V. Madv., § 117, b., et pour la répétition
de ἄν, V. Curt , 639, 3.

2. Ἃ ἐβούλετο, quæ vellet. L'influence de ἄν s'etend jusqu'ici. Il
ne s'agit que d'un être hypothetique; de là tous ces conditionnels.
Il est ensuite question d'êtres reels (les singes, par ex.), et l'auteur
emploie alors le present.

3. Χεῖρας ἔχει Ce n'est pas parce que l'homme a des mains qu'il
est un animal raisonnable (opinion d'Anaxagore), mais parce qu'il
est raisonnable qu'il a des mains, ou du moins qu'il se sert de ses
mains comme il le fait, comme de veritables mains. V. Aristote,
De partibus animalium, 4, 10.

4. Ἀμφότερον — τετυχηκώς, ulrumque præstantissimum (animum et corpus) nactus.

5. Ὅταν τί ποιήσωσι, que faut-il qu'ils fassent, pour que tu
penses... V., pour cette forme d'interrogation, Curt., § 606.

6. Συμβούλους, allusion au demon de Socrate.

7. Ἀλλα — κατατίθενται, pour ἀλλὰ — ἐξαιροῦντας — κατατίθεσθαι,
ce changement du style indirect (οὐ καὶ σοὶ δοκεῖς φράζειν αὐτούς.) en
style direct donne une tournure ironique à la pensée de Socrate.

8. Εἰ μὴ δυνατοὶ ἦσαν, a savoir, de recompenser et de punir. Sur

ἀνθρώπους ἐξαπατωμένους τὸν πάντα χρόνον οὐδέποτ' ἂν
αἰσθέσθαι; οὐχ ὁρᾷς ὅτι τὰ πολυχρονιώτατα καὶ σοφώτατα
τῶν ἀνθρωπίνων, πόλεις καὶ ἔθνη, θεοσεβέστατά ἐστι, καὶ
αἱ φρονιμώταται ἡλικίαι' θεῶν ἐπιμελέσταται; 17. Ὠγαθέ,
ἔφη, κατάμαθε ὅτι καὶ ὁ ... ις νοῦς ἐνὼν ² τὸ σὸν σῶμα
ὅπως βούλεται μεταχειρίζεται. Οἴεσθαι οὖν χρὴ καὶ τὴν
ἐν τῷ παντὶ φρόνησιν τὰ πάντα ὅπως ἂν αὐτῇ ἡδὺ ᾖ,
οὕτω τίθεσθαι, καὶ μὴ ¹ τὸ σὸν μὲν ὄμμα ⁴ δύνασθαι ἐπὶ
πολλὰ στάδια ἐξικνεῖσθαι, τὸν δὲ τοῦ θεοῦ ὀφθαλμὸν ἀδύ-
νατον εἶναι ἅμα πάντα ὁρᾶν, μηδὲ τὴν σὴν μὲν ψυχὴν
καὶ περὶ τῶν ἐνθάδε καὶ περὶ τῶν ἐν Αἰγύπτῳ καὶ ἐν Σι-
κελίᾳ δύνασθαι φροντίζειν, τὴν δὲ τοῦ θεοῦ φρόνησιν μὴ
ἱκανὴν εἶναι ἅμα πάντων ἐπιμέλεσθαι. 18. Ἢν μέντοι ⁵
ὥσπερ ἀνθρώπους θεραπεύων γιγνώσκεις τοὺς ἀντιθεραπεύειν
ἐθέλοντας καὶ χαριζόμενος τοὺς ἀντιχαριζομένους, καὶ
συμβουλευόμενος καταμανθάνεις τοὺς φρονίμους, οὕτω καὶ
τῶν θεῶν πεῖραν λαμβάνῃς θεραπεύων, εἴ τί σοι θελήσουσι
περὶ τῶν ἀδήλων ⁶ ἀνθρώποις συμβουλεύειν, γνώσει τὸ
θεῖον ὅτι τοσοῦτον καὶ τοιοῦτόν ἐστιν ὥσθ' ἅμα πάντα ὁρᾶν
καὶ πάντα ἀκούειν καὶ πανταχοῦ παρεῖναι καὶ ἅμα πάν-

---

la position et le rôle de ἄν (οἴει δ' ἄν) dans cette phrase, V. Madv.,
§ 173, et la rem. 1

1. Ἡλικίαι, ætates

2. Ἰών, quamdiu inest ἐν τῷ σώματι

3. Καὶ μὴ, et, plus bas, μηδὲ, s ... χρὴ οἴεσθαι

4. Τὸ σὸν μὲν ὄμμα — τὸν δὲ τοῦ θεοῦ ὀφθαλμόν, tandis que ton
regard, etc., cette opposition est marquée par μὲν et δὲ ainsi rap-
prochés dans la même phrase

5. Ἢν μέντοι, si profecto

6. Περὶ τῶν ἀδήλων V , pour le développement de la même idée,
le § 9 du premier chapitre.

τῶν ἐπιμέλεσθαι. **19.** Ἐμοὶ μὲν οὖν ταῦτα λέγων οὐ μόνον[1] τοὺς συνόντας ἐδόκει ποιεῖν ὁπότε ὑπὸ τῶν ἀνθρώπων ὁρῷντο, ἀπέχεσθαι[2] τῶν ἀνοσίων τε καὶ ἀδίκων καὶ αἰσχρῶν, ἀλλὰ καὶ ὁπότε ἐν ἐρημίᾳ εἶεν, ἐπείπερ ἡγήσαιντο[3] μηδὲν ἄν ποτε ὧν πράττοιεν θεοὺς διαλαθεῖν.

1 Οὐ μόνον doit être place dans la traduction avant ὁπότε ὑπὸ τῶν ἀνθρώπων et répond à ἀλλα καὶ ὁπότε

2. Ἀπέχεσθαι depend de ποιεῖν

3. Ἐπείπερ ἡγήσαιντο, pour cet optatif, V p 75, note 3

CHAPITRE V

Entretien de Socrate sur la tempérance

La tempérance est la condition de toutes les vertus. Socrate ne se contentait pas de le démontrer, comme il le faisait dans cet entretien; il donnait aussi l'exemple de la modération et du désintéressement qui d'ailleurs servent a assurer notre indépendance.

1. Εἰ δὲ δὴ[1] καὶ ἐγκράτεια καλόν τε κἀγαθὸν ἀνδρὶ κτῆμά ἐστιν, ἐπισκεψώμεθα εἴ τι προυβίβαζε λέγων εἰς ταύτην[2] τοιάδε· Ὦ ἄνδρες, εἰ πολέμου ἡμῖν γενομένου βουλοίμεθα ἑλέσθαι ἄνδρα ὑφ' οὗ μάλιστ' ἂν αὐτοὶ μὲν σωζοίμεθα, τοὺς δὲ πολεμίους χειροίμεθα, ἆρ' ὅντιν' αἰσθανοίμεθα ἥττω γαστρὸς ἢ οἴνου ἢ ἀφροδισίων ἢ πόνου ἢ ὕπνου, τοῦτον ἂν αἱροίμεθα; καὶ πῶς ἂν οἰηθεῖμεν τὸν τοιοῦτον ἢ ἡμᾶς σώσειν ἢ τοὺς πολεμίους κρατήσειν[3]; **2.** Εἰ δ' ἐπὶ τελευτῇ τοῦ βίου γενόμενοι βουλοίμεθά τῳ ἐπιτρέψαι[4] ἢ παῖδας ἄρρενας παιδεῦσαι, ἢ θυγατέρας

---

1. Εἰ δὲ δὴ, si jam, ou mieux, ut est certe, car il s'agit ici d'un fait reel, d'une verite generale.

2. Εἰς ταύτην, ces mots dependent de προυβίβαζε.

3. Τοὺς πολεμίους κρατησειν Κρατεῖν, avec l'accusatif, vaincre; avec le genitif, avoir en son pouvoir.

4. Ἐπιτρέψαι — παιδεῦσαι. Sur l'infinitif construit avec les verbes qui signifient donner, etc., V. Madv., § 148, b.

παρθένους διαφυλάξαι, ἢ χρήματα διασῶσαι, ἀρ' ἀξιό-
πιστον εἰς ταῦθ' ἡγησαίμεθ' ἂν τὸν ἀκρατῆ; δούλῳ δ'
ἀκρατεῖ ἐπιτρέψαιμεν ἂν ἢ βοσκήματα ἢ ταμιεῖα ἢ ἔργων[1]
ἐπιστασίαν; διάκονον δὲ καὶ ἀγοραστὴν τοιοῦτον ἐθελή-
σαιμεν ἂν προῖκα λαβεῖν; 3. Ἀλλὰ μὴν[2] εἴ γε μηδὲ δοῦλον
ἀκρατῆ δεξαίμεθ' ὄν[3], πῶς οὐκ ἄξιον αὐτόν γε φυλάξασθαι[4] τοιοῦτον γενέσθαι; καὶ γὰρ οὐχ ὥσπερ οἱ πλεονέκται
τῶν ἄλλων ἀφαιρούμενοι χρήματα ἑαυτοὺς δοκοῦσι πλου-
τίζειν, οὗτος ὁ ἀκρατὴς τοῖς μὲν ἄλλοις βλαβερός, ἑαυτῷ
δ' ὠφέλιμος, ἀλλὰ κακοῦργος μὲν τῶν ἄλλων[5], ἑαυτοῦ δὲ
πολὺ κακουργότερος, εἴ γε κακουργότατόν ἐστι μὴ μόνον
τὸν οἶκον τὸν ἑαυτοῦ φθείρειν[6], ἀλλὰ καὶ τὸ σῶμα καὶ
τὴν ψυχήν. 4. Ἐν συνουσίᾳ δὲ τίς ἂν ἡσθείη τῷ τοιούτῳ,
ὃν εἰδείη τῷ ὄψῳ τε καὶ τῷ οἴνῳ χαίροντα μᾶλλον ἢ τοῖς
φίλοις, καὶ τὰς πόρνας ἀγαπῶντα μᾶλλον ἢ τοὺς ἑταί-
ρους; ἀρά γε οὐ[7] χρὴ πάντα ἄνδρα, ἡγησάμενον τὴν
ἐγκράτειαν ἀρετῆς εἶναι κρηπῖδα[8], ταύτην πρώτην ἐν τῇ

1. Ἔργων, les travaux des champs
2. Ἀλλὰ μην, atqui.
3. Ἰδ — ἀν. Sur la signification conditionnelle et temporelle
(alors que nous n'accepterions pas...) de εἰ — ἄν, V. Curt., 516 bis,
rem. 2.
4. Πῶς οὐκ ἄξιον αὐτον γε φυλάξασθαι, nonne par est cavere ipsum .
Αὐτον se rapporte a γενέσθαι et est au singulier, malgre δεξαίμεθα,
parce que l'idee d'esclave (δοῦλον) a fait naitre celle de maitre et
c'est au maitre seulement que pense l'auteur. Pour cet optatif po-
tentiel, δεξαίμεθα dans une proposition conditionnelle, V Madv ,
§ 137.
5. Κακοῦργος μὲν τῶν ἄλλων. Κακοῦργος, avec le genitif, a la valeur
d'un substantif : ennemi (celui qui nuit à).
6. Τὸν οἶκον τὸν ἑαυτοῦ φθείρειν, rem suam familiarem corrum-
pere.
7. Ἀρα γε οὐ, denique nonne? nonne certe?
8. Τὴν εγκράτειαν ἀρετῆς εἶναι κρηπῖδα. Remarquez cette expres-

ψυχῇ κατασκευάσασθαι; **5.** Τίς γὰρ ἄνευ ταύτης ἢ μάθοι τι ἀγαθὸν ἢ μελετήσειεν ἀξιολόγως; ἢ τίς οὐκ ἂν ταῖς ἡδοναῖς δουλεύων αἰσχρῶς διατεθείη καὶ τὸ σῶμα καὶ τὴν ψυχήν[1]; Ἐμοὶ μὲν[2] δοκεῖ νὴ τὴν Ἥραν[3] ἐλευθέρῳ μὲν ἀνδρὶ εὐκτὸν εἶναι μὴ τυχεῖν δούλου τοιούτου, δουλεύοντα δὲ[4] ταῖς τοιαύταις ἡδοναῖς ἱκετευτέον τοὺς θεοὺς δεσποτῶν ἀγαθῶν τυχεῖν· οὕτω γὰρ ἂν μόνως ὁ τοιοῦτος σωθείη. **6.** Τοιαῦτα δὲ λέγων ἔτι ἐγκρατέστερον τοῖς ἔργοις ἢ τοῖς λόγοις[5] ἑαυτὸν ἐπεδείκνυ· οὐ γὰρ μόνον τῶν διὰ τοῦ σώματος ἡδονῶν ἐκράτει, ἀλλὰ καὶ τῆς διὰ τῶν χρημάτων, νομίζων τὸν παρὰ τοῦ τυχόντος[6] χρήματα λαμβάνοντα δεσπότην ἑαυτοῦ καθιστάναι καὶ δουλεύειν δουλείαν οὐδεμιᾶς ἧττον αἰσχράν[7].

sion qui semble en contradiction avec la doctrine trop etroite ordinairement attribuee a Socrate, et d'après laquelle le savoir seul constitue la vertu.

1. Διατεθείη καὶ τὸ σῶμα καὶ τὴν ψυχήν; *constitutus, affectus sit et corpore et animo.*

2. Ἐμοὶ μέν. Pour ce μέν sans δέ correspondant, V. p. 40, note 3.

3. Νὴ τὴν Ἥραν, formule dont se servaient plus particulièrement les femmes et que Socrate emploie assez frequemment : *par Junon!*

4. Μὲν — δέ, *et — et.*

5. Τοῖς ἔργοις ἢ τοῖς λόγοις, *re quam verbis.*

6 Παρὰ τοῦ τυχόντος a *quolibet.* Voir la même idee exprimée plus haut, chap II, § 6.

7. Οὐδεμιᾶς ἧττον αἰσχράν, *tam turpem, quam quæ potest esse turpissima.* Les comparatifs negatifs ont souvent ete pris dans le sens d'un superlatif avec ce complement οὐδενός, οὐδεμιᾶς.

CHAPITRE VI

Entretiens de Socrate avec le sophiste Antiphon

Socrate réfute cette opinion qu'il doit être malheureux, ainsi
que ceux qui suivent son exemple, de mener une vie frugale.

1. Ἄξιον[1] δ' αὐτοῦ[2] καὶ ἃ πρὸς Ἀντιφῶντα[3] τὸν σοφι-
στὴν διελέχθη μὴ παραλιπεῖν· ὁ γὰρ Ἀντιφῶν ποτε βουλόμενος τοὺς συνουσιαστὰς αὐτοῦ παρελέσθαι[4] προσελθὼν
τῷ Σωκράτει[5] παρόντων αὐτῶν ἔλεξε τάδε· **2.** Ὦ Σώκρατες,
ἐγὼ μὲν ᾤμην τοὺς φιλοσοφοῦντας εὐδαιμονεστέρους χρῆναι
γίγνεσθαι· σὺ δέ μοι δοκεῖς τἀναντία τῆς φιλοσοφίας ἀπο-

1. Ἄξιον, *dignum*, qui a egalement en latin le sens de *par est,
operæ pretium est*.
2. Αὐτοῦ. Ce genitif depend de la proposition relative ἃ — διελέχθη, qui a la valeur d'un substantif, qui equivaut à λόγους
3. Ἀντιφῶντα. Cet Antiphon, d'apres certains temoignages, était
originaire de la Crète. Suidas, au contraire, en fait un Athenien et
dit de lui : Ἀντιφῶν Ἀθηναῖος, τερατοσκόπος καὶ ἐποποιὸς καὶ σοφισ-
τής, ἐκαλεῖτο δὲ λογομάγειρος : il avait composé un livre sur l'inter-
pretation des songes.
4. Παρελέσθαι, *avertere, abducere ab aliquo*.
5. Τῷ Σωκράτει. On attendrait plutôt αὐτῷ Mais cette manière
de mettre un nom, alors qu'il a été deja remplace par un pronom
(et ici deux fois αὐτοῦ), n'est pas rare en grec.

λελαυκέναι[1]· ζῆς γοῦν[2] οὕτως ὡς οὐδ' ἂν εἷς[3] δοῦλος ὑπὸ
δεσπότῃ διαιτώμενος μείνειε· σῖτά τε σιτεῖ καὶ ποτὰ πίνεις
τὰ φαυλότατα, καὶ ἱμάτιον ἠμφίεσαι οὐ μόνον φαῦλον,
ἀλλὰ[4] τὸ αὐτὸ θέρους τε καὶ χειμῶνος, ἀνυπόδητός τε καὶ
ἀχίτων[5] διατελεῖς. 3. Καὶ μὴν χρήματά γε οὐ [6] λαμβάνεις,
ἃ καὶ κτωμένους εὐφραίνει καὶ κεκτημένους ἐλευθεριώτερόν
τε καὶ ἥδιον ποιεῖ ζῆν. Εἰ οὖν ὥσπερ καὶ τῶν ἄλλων
ἔργων οἱ διδάσκαλοι τοὺς μαθητὰς μιμητὰς ἑαυτῶν ἀπο-
δεικνύασιν, οὕτω καὶ [7] σὺ τοὺς συνόντας διαθήσεις, νόμιζε
κακοδαιμονίας διδάσκαλος εἶναι. 4. Καὶ ὁ Σωκράτης πρὸς
ταῦτα εἶπε· Δοκεῖς μοι, ὦ Ἀντιφῶν, ὑπειληφέναι με οὕτω:
ἀνιαρῶς ζῆν ὥστε πέπεισμαι σὲ μᾶλλον ἀποθανεῖν ἂν ἑλέσθαι ἢ ζῆν ὥσπερ ἐγώ[8]. 5. Ἴθι οὖν ἐπισκεψώμεθα τί χαλεπὸν ᾔσθησαι[9] τοὐμοῦ βίου. Πότερον[10] ὅτι τοῖς μὲν λαμβά-
νουσιν ἀργύριον ἀναγκαῖόν ἐστιν ἀπεργάζεσθαι τοῦτο ἐφ'
ᾧ ἂν μισθὸν λάβωσιν, ἐμοὶ δὲ[11] μὴ λαμβάνοντι οὐκ ἀνάγκη

1. Τἀναντία τῆς φιλοσοφίας ἀπολελαυκέναι. Ironique : contrarium
fructum e sapientiæ studio percepisse. Sur cet accusatif qui marque
l'espèce de jouissance, de profit, V. Cuit. 449, a

2. Ζῆς γοῦν, vivis certe, pour annoncer une preuve de ce qui a
été dit.

3. Οὐδ' ἂν εἷς, comme οὐδεὶς ἄν, non ullus.

4. Οὐ μόνον — ἀλλά, non solum — sed, avec gradation du premier
terme au second.

b. Ἀνυπόδητός τε καὶ ἀχίτων, sine calceis et tunica, du moins
sans une tunique ou une robe de dessus (ἐπενδύτης), s -e. ὤν, comme
il arrive avec les verbes qui signifient continuer a. V. Madv., § 177,
rem. 1.

6. Καὶ μὴν — οὐ, neque vero.

7. Ὥσπερ καὶ — οὕτω καὶ. V. p. 44, note).

8. Ὥσπερ ἐγώ. V. Madv., § 20 rem. 3.

9. Ἴθι — ᾔσθησαι. V. p 1, note 1.

10. Πότερον, scil. χαλεπὸν ᾔσθησαι τοῦτο τοῦ ἐμοῦ βίου

11. Τοῖς μὲν —, ἐμοὶ δέ. V. p. 92, note 4.

διαλέγεσθαι ᾧ ἂν μὴ βούλωμαι; ἢ τὴν δίαιτάν μου φαυ-
λίζεις ὡς ἧττον μὲν ὑγιεινὰ ἐσθίοντος ἐμοῦ[1] ἢ σοῦ, ἧττον
δὲ ἰσχὺν παρέχοντα; ἢ ὡς χαλεπώτερα[2] πορίσασθαι τἀμὰ
διαιτήματα τῶν σῶν διὰ τὸ σπανιώτερά τε καὶ πολυτε-
λέστερα εἶναι; ἢ ὡς ἡδίω σοι ἃ σὺ παρασκευάζει ὄντα ἢ
ἐμοὶ ἃ ἐγώ; οὐκ οἶσθ' ὅτι ὁ μὲν ἥδιστα[3] ἐσθίων ἥκιστα
ὄψου δεῖται, ὁ δὲ ἥδιστα πίνων ἥκιστα τοῦ μὴ παρόντος
ἐπιθυμεῖ ποτοῦ; 6. Τά γε μὴν[4] ἱμάτια οἶσθ' ὅτι οἱ μετα-
βαλλόμενοι ψύχους καὶ θάλπους ἕνεκα μεταβάλλονται, καὶ
ὑποδήματα ὑποδοῦνται, ὅπως μὴ διὰ τὰ λυποῦντα τοὺς
πόδας κωλύωνται πορεύεσθαι· ἤδη οὖν ποτε[5] ᾔσθου ἐμὲ ἢ,
διὰ ψῦχος μᾶλλόν του ἔνδον μένοντα, ἢ διὰ θάλπος μα-
χόμενόν τῳ περὶ σκιᾶς, ἢ διὰ τὸ ἀλγεῖν τοὺς πόδας οὐ
βαδίζοντα ὅποι ἂν βούλωμαι; 7. Οὐκ οἶσθ' ὅτι οἱ φύσει
ἀσθενέστατοι τῷ σώματι μελετήσαντες[6] τῶν ἰσχυροτάτων
ἀμελησάντων κρείττους τε γίγνονται πρὸς ἂν[7] μελετήσωσι
καὶ ῥᾷον αὐτὰ φέρουσιν; ἐμὲ δὲ ἄρα οὐκ οἴει τῷ σώματι[8]
ἀεὶ τὰ συντυγχάνοντα μελετῶντα καρτερεῖν πάντα ῥᾷον
φέρειν σοῦ μὴ μελετῶντος; 8. Τοῦδὲ μὴ δουλεύειν γαστρὶ
μηδ' ὕπνῳ καὶ λαγνείᾳ οἴει τι ἄλλο αἰτιώτερον εἶναι[9] ἢ

1. Ὡς — ἐσθίοντος ἐμοῦ. V. p. 43, note 4.
2. Ἢ ὡς χαλεπώτερα, s.-e. ὄντα; an quod putas, etc. Sur le sens
de cet accusatif absolu avec ὡς ou ὥσπερ, V. Curt., § 586, 2, et
§ 588, 7.
3. Ἥδιστα, suavissima, et que l'appetit a rendus tels.
4. Γε μήν. V. p. 86, note 6.
5. Ἤδη οὖν ποτε, ecquandone igitur...?
6. Μελετήσαντες, scil. τὸ σῶμα.
7. Πρὸς ἄν. Rem. l'accentuation. Crase pour ἃ ἄν.
8. Τῷ σώματι, complement de καρτερεῖν : semper me exerceo ad
fortiter ferenda corpore omnia quæ et accidunt.
9 Οἴει τι ἄλλο αἰτιώτερον εἶναι, quicquam magis causa esse putas,
quam quod.

τὸ ἕτερα ἔχειν τούτων ἡδίω, ἃ οὐ μόνον ἐν χρείᾳ ὄντα [1]
εὐφραίνει [2], ἀλλὰ καὶ ἐλπίδας παρέχοντα ὠφελήσειν ἀεί,
καὶ μὴν τοῦτό γε [3] οἶσθα, ὅτι οἱ μὲν οἰόμενοι μηδὲν εὖ
πράττειν οὐκ εὐφραίνονται, οἱ δὲ ἡγούμενοι καλῶς προχω-
ρεῖν ἑαυτοῖς ἢ γεωργίαν ἢ ναυκληρίαν ἢ ἀλλ' ὅ τι ἂν
τυγχάνωσιν ἐργαζόμενοι ὡς εὖ πράττοντες; [4] εὐφραίνονται.
9. Οἴει οὖν ἀπ' πάντων τούτων τοσαύτην ἡδονὴν εἶναι ὅσην
ἀπὸ τοῦ ἑαυτόν τε ἡγεῖσθαι βελτίω γίγνεσθαι καὶ φίλους
ἀμείνους κτᾶσθαι [5]; ἐγὼ τοίνυν [6] διατελῶ ταῦτα νομίζων [7].
Ἐὰν δὲ δὴ [8] φίλους ἢ πόλιν ὠφελεῖν δέῃ, ποτέρῳ ἡ πλείων
σχολὴ [9] τούτων ἐπιμέλεσθαι, τῷ ὡς ἐγὼ νῦν ἢ τῷ ὡς σὺ
μακαρίζεις διαιτωμένῳ; στρατεύοιτο δὲ πότερος ἂν ῥᾷον,
ὁ μὴ δυνάμενος ἄνευ πολυτελοῦς διαίτης ζῆν ἢ ᾧ τὸ παρὸν
ἀρκοίη; ἐκπολιορκηθείη δὲ πότερος ἂν θᾶττον, ὁ τῶν

1. Ἐν χρείᾳ ὄντα, *ipso usu*, pendant qu'on en jouit.
2. Εὐφραίνει Ce verbe appartient aux deux membres de phrase.
Const. : ἃ οὐ μόνον ἐν χρείᾳ ὄντα, ἀλλὰ καὶ ἐλπίδας παρέχοντα ἀεὶ
ὠφελήσειν εὐφραίνει.
3. Καὶ μὴν — γε, *ar profecto, quidem*.
4. Εὖ πράττειν — εὖ πράττοντες. Sorte de jeu de mots, car εὖ πράτ
τειν est pris dans le sens d'*être heureux* et εὖ πράττοντες, dans celui
de *bien faire ses affaires*.
5. Φίλους ἀμείνους κτᾶσθαι, *amicos meliores comparare*, i. e. *ita
comparare ut meliores sint*.
6. Τοίνυν, *igitur*, marque à la fois la fin d'un developpement et
le commencement d'un autre. Apres le bonheur individuel, l'utilité publique.
7. Ταῦτα νομίζων. Ταῦτα designe les deux idees qui viennent d'être
exprimees : τὸ ἡγεῖσθαι βελτίω ἑαυτὸν γίγνεσθαι et τὸ φίλους ἀμείνους
κτᾶσθαι. Ce sont là pour Socrate deux causes de bonheur plus assu-
rées que le succès des entreprises proprement dites.
8. Ἐὰν δὲ δή, *jam tero si*... V. p. 94, note 1, avec cette difference
que l'hypothèse peut ne pas se realiser.
9. Ἡ πλείων σχολή, *otium est ad* L'article est rendu nécessaire
par ποτέρῳ.

χαλεπωτάτων εὑρεῖν δεόμενος, ἢ ὁ τοῖς ῥᾴστοις ἐντυγχά-
νειν[1] ἀρκούντως χρώμενος[2]; 10. Ἔοικας, ὦ Ἀντιφῶν, τὴν
εὐδαιμονίαν οἰομένῳ τρυφὴν καὶ πολυτέλειαν εἶναι· ἐγὼ
δὲ νομίζω τὸ μὲν μηδενὸς δεῖσθαι θεῖον εἶναι, τό δ' ὡς
ἐλαχίστων ἐγγυτάτω τοῦ θείου, καὶ τὸ μὲν θεῖον κράτιστον,
τὸ δ' ἐγγυτάτω τοῦ θείου ἐγγυτάτω τοῦ κρατίστου.

Antiphon reproche à Socrate de n'être pas un vrai sage puisqu'il ne demande rien pour ses leçons. Socrate lui répond.

11. Πάλιν δέ ποτε ὁ Ἀντιφῶν διαλεγόμενος τῷ Σωκράτει εἶπεν· Ὦ Σώκρατες, ἐγώ τοί[3] σε δίκαιον μὲν νομίζω,
σοφὸν δὲ οὐδ' ὁπωστιοῦν[4]· δοκεῖς δέ μοι καὶ αὐτὸς τοῦτο
γιγνώσκειν· οὐδένα γοῦν[5] τῆς συνουσίας ἀργύριον πράττει[6].
Καίτοι τό γε[7] ἱμάτιον ἢ τὴν οἰκίαν ἢ ἄλλο τι ὧν κέκτη-
σαι νομίζων ἀργυρίου ἄξιον εἶναι οὐδενὶ ἂν μὴ ὅτι προῖκα
δοίης, ἀλλ' οὐδ'[8] ἔλαττον τῆς ἀξίας λαβών. 12. Δῆλον δὴ
ὅτι εἰ[9] καὶ τὴν συνουσίαν ᾤου τινὸς ἀξίαν εἶναι, καὶ ταύ-

1. Τοῖς ῥᾴστοις ἐντυχάνειν, ce qui est le plus facile à trouver. Sur
cette construction d'un infinitif avec un adjectif, V. Madv., § 150.
2. Ἀρκούντως χρώμενο, = ἀρκούμενος.
3. Ἐγώ τοι, ego profecto, quidem.
4. Οὐδ' ὁπωστιοῦν, ne tantillum quidem.
5. Γοῦν. V. p. 98, note 2.
6. Οὐδένα — ἀργύριον πράττει, a nullo mercedem erigis. Pour ces
deux accusatifs, V. Madv., §§ 25, 65, b.
7. Καίτοι -- γε, quanquam
8. Μὴ ὅτι — ἀλλ' οὐδέ. — Μὴ ὅτι (V. Curt., § 622, 4) a la même
signification que μή τις λεγέτω (ou μή εἴπῃς) ὅτι. V. aussi Madv.,
§ 212. On traduirait en latin : nulli non modo non gratis des, sed ne
tum quidem, si minus accipias, quam est illarum rerum pretium
(ἀξίας, s.-e. τιμῆς).
9. Εἰ καὶ signifie ordinairement quoique. Mais il faut ici separer

της ἂν οὐκ ἔλαττον τῆς ἀξίας ἀργύριον ἐπράττου. Δίκαιος μὲν οὖν ἂν εἴης, ὅτι οὐκ ἐξαπατᾷς ἐπὶ πλεονεξίᾳ, σοφὸς δὲ οὐκ ἄν [1], μηδενός γε ὄξια ἐπιστάμενος. 13. Ὁ δὲ Σωκράτης πρὸς ταῦτα εἶπεν· Ὦ Ἀντιφῶν, παρ' ἡμῖν [2] νομίζεται τὴν ὥραν καὶ τὴν σοφίαν ὁμοίως μὲν καλόν, ὁμοίως δὲ αἰσχρὸν διατίθεσθαι εἶναι [3]· τήν τε γὰρ ὥραν ἐὰν μέν τις ἀργυρίου πωλῇ τῷ βουλομένῳ, πόρνον αὐτὸν ἀποκαλοῦσιν, ἐὰν δέ τις ὃν ἂν γνῷ καλόν τε κἀγαθὸν ἐραστὴν ὄντα, τοῦτον φίλον ἑαυτῷ ποιῆται, σώφρονα νομίζομεν· καὶ τὴν σοφίαν ὡσαύτως τοὺς μὲν ἀργυρίου τῷ βουλομένῳ πωλοῦντας [4] σοφιστὰς ὥσπερ πόρνους ἀποκαλοῦσιν, ὅστις δὲ ὃν ἂν γνῷ εὐφυᾶ ὄντα διδάσκων ὅ τι ἂν ἔχῃ ἀγαθὸν φίλον ποιεῖται, τοῦτον νομίζομεν ἃ τῷ καλῷ κἀγαθῷ πολίτῃ προσήκει, ταῦτα ποιεῖν. 14. Ἐγὼ δ' οὖν καὶ αὐτός, ὦ Ἀντιφῶν, ὥσπερ ἄλλος τις ἢ ἵππῳ ἀγαθῷ ἢ κυνὶ ἢ ὄρνιθι ἥδεται, οὕτω καὶ ἔτι μᾶλλον ἥδομαι φίλοις ἀγαθοῖς, καὶ ἐάν τι ἔχω ἀγαθόν, διδάσκω, καὶ ἄλλοις συνίστημι παρ' ὧν ἂν ἡγῶμαι [5] ὠφελήσεσθαί τ. αὐτοὺς εἰς ἀρετήν. Καὶ τοὺς θησαυροὺς τῶν πάλαι σοφῶν ἀνδρῶν, οὓς ἐκεῖνοι κατέλιπον ἐν βιβλίοις γράψαντες, ἀνελίττων κοινῇ σὺν τοῖς

καὶ de el, le rapporter à συνουσιαν et remarquer alors qu'il correspond a καὶ ταύτης.

1 Σοφὸς δὲ οὖν ἄν, s. c. εἴης

2. Παρ' ἡμῖν. V. p 69, note 2

3 Τὴν ὥραν — διατίθεσθαι εἶναι *et pulchrum et turpe esse formam et sapientiam aliis qui fruantur tradere.*

4. Καὶ τὴν σοφίαν — τοὺς — πωλοῦντας, par symetrie avec la phrase precedente, τήν τε γαρ ωραν, κ. τ. λ. , au lieu de τους τὴν σοφίαν, etc V. Madv., § 14, a, rem. 1, qui explique autrement cette construction peu usitée.

5. Παρ' ὧν ἂν ἡγῶμαι — εἰς ἀρετήν, *quæ illis aliquid adjumenti ad virtutem allatura a si hiber.*

φίλοις διέρχομαι, κἄν τι ὁρῶμεν ἀγαθόν, ἐκλεγόμεθα, καὶ μέγα νομίζομεν κέρδος, ἐὰν ἀλλήλοις ὠφέλιμοι γιγνώμεθα. Ἐμοὶ μὲν δὴ ταῦτα ἀκούοντι ἐδόκει αὐτός τε μακάριος εἶναι καὶ τοὺς ἀκούοντας ἐπὶ καλοκἀγαθίαν ἄγειν.

Socrate pensait qu'il vaut mieux former aux affaires le plus grand nombre possible de jeunes gens que de s'occuper soi-même de politique.

15. Καὶ πάλιν ποτὲ τοῦ Ἀντιφῶντος ἐρομένου αὐτὸν πῶς[1] ἄλλους μὲν ἡγοῖτο πολιτικοὺς ποιεῖν[2], αὐτὸς δὲ[3] οὐ πράττοι τὰ πολιτικά, εἴπερ ἐπίσταιτο[4]· Ποτέρως δ'[5] ἄν, ἔφη, ὦ Ἀντιφῶν, μᾶλλον τὰ πολιτικὰ πράττοιμι, εἰ μόνος αὐτὰ πράττοιμι ἢ εἰ ἐπιμελοίμην τοῦ ὡς πλείστους ἱκανοὺς εἶναι πράττειν αὐτά;

1. Πῶς. V p. 1, note 1.
2. Πολιτικοὺς ποιεῖν, rerum civilium peritos facere.
3. Αὐτὸς δὲ, alors que lui-même.
4. Εἴπερ ἐπίσταιτο, si quidem scisset (ironique)
5. Ποτέρως δε. V. p. 81, note 3.

CHAPITRE VII

Par quels discours Socrate détournait
ses disciples de la vanité

Le véritable moyen d'obtenir de la gloire est de la mériter. Ceux qui n'ont qu'une vanité prétentieuse finissent toujours mal et s'attirent les railleries. Ils peuvent aussi causer la perte des autres.

1. Ἐπισκεψώμεθα δὲ εἰ καὶ ἀλαζονείας[1] ἀποτρέπων τοὺς συνόντας ἀρετῆς ἐπιμελεῖσθαι προύτρεπεν· ἀεὶ γὰρ ἔλεγεν ὡς οὐκ εἴη καλλίων ὁδὸς ἐπ' εὐδοξίαν ἢ δι' ἧς ἄν τις ἀγαθὸς τοῦτο γένοιτο ὃ καὶ[2] δοκεῖν βούλοιτο. 2. Ὅτι δ' ἀληθῆ ἔλεγεν ὧδ' ἐδίδασκεν· Ἐνθυμώμεθα γὰρ[3], ἔφη, εἴ τις μὴ ὢν ἀγαθὸς αὐλητὴς δοκεῖν βούλοιτο, τί ἂν αὐτῷ ποιητέον εἴη· ἆρ' οὐ τὰ ἔξω τῆς τέχνης[4] μιμητέον τοὺς ἀγαθοὺς αὐλητάς; καὶ πρῶτον μὲν ὅτι ἐκεῖνοι σκευήν τε καλὴν κέκτηνται καὶ ἀκολούθους πολλοὺς περιάγονται,

---

1. Ἀλαζονείας, vanité, présomption. Xénophon définit lui même dans la *Cyropédie*, II, 3, 12, ceux qu'on appelle ἀλαζόνες : ce sont ceux qui se font passer pour plus riches ou plus braves qu'ils ne sont et « se vantent de faire ce qu'ils sont incapables de faire καὶ ποιήσειν ἃ μὴ ἱκανοί εἰσιν ὑπισχνούμενοι. »

2. Ὁ καὶ. V. p. 44, note 5.

3. Ἐνθυμώμεθα γάρ. Γάρ équivaut ici à notre expression *par exemple*.

4. Τὰ ἔξω τῆς τέχνης, in iis quæ extra artem sunt.

καὶ τούτῳ ταῦτα ποιητέον· ἔπειτα[1] ὅτι ἐκείνους πολλοὶ
ἐπαινοῦσι, καὶ τούτῳ πολλοὺς ἐπαινέτας παρασκευαστέον.
Ἀλλὰ μὴν[2] ἔργον γε οὐδαμοῦ ληπτέον[3], ἢ εὐθὺς ἐλεγχθή-
σεται γελοῖος ὢν καὶ οὐ μόνον αὐλητὴς κακός, ἀλλὰ καὶ
ἄνθρωπος ἀλαζών. Καίτοι πολλὰ μὲν δαπανῶν, μηδὲν δ᾽
ὠφελούμενος, πρὸς δὲ τούτοις κακοδοξῶν, πῶς οὐκ ἐπιπόνως
τε καὶ ἀλυσιτελῶς καὶ καταγελάστως βιώσεται; 3. Ὡς δ᾽
αὕτως[4] εἴ τις βούλοιτο στρατηγὸς ἀγαθὸς μὴ ὢν φαίνεσθαι,
ἢ κυβερνήτης, ἐννοῶμεν τί ἂν αὐτῷ συμβαίνοι. Ἆρ᾽ οὐκ
ἄν, εἰ μὲν ἐπιθυμῶν τοῦ δοκεῖν ἱκανὸς εἶναι ταῦτα πράττειν
μὴ δύναιτο πείθειν, τοῦτ᾽ εἴη λυπηρόν, εἰ δὲ πείσειεν, ἔτι
ἀθλιώτερον; δῆλον γὰρ ὅτι κυβερνᾶν κατασταθείς[5] ὁ μὴ
ἐπιστάμενος ἢ στρατηγεῖν ἀπολέσειεν ἂν οὓς ἥκιστα βούλοιτο καὶ αὐτὸς αἰσχρῶς ἂν καὶ κακῶς ἀπαλλάξειεν[6].
4. Ὡσαύτως δὲ καὶ τὸ πλούσιον καὶ τὸ ἀνδρεῖον καὶ τὸ
ἰσχυρὸν μὴ ὄντα δοκεῖν ἀλυσιτελὲς ἀπέφαινε· προστάττε-
σθαι γὰρ αὐτοῖς ἔφη μείζω ἢ κατὰ δύναμιν[7], καὶ μὴ δυναμένους ταῦτα ποιεῖν δοκοῦντας ἱκανοὺς εἶναι συγγνώμης
οὐκ ἂν τυγχάνειν. 5. Ἀπατεῶνα δ᾽ ἐκάλει οὐ μικρὸν μὲν εἴ

1 Ἔπειτα, sans δὲ. V. p. 52, note 2
2. Ἀλλὰ μὴν — γέ, jam tero.
3. Ἔργον — ληπτέον. On emploie ordinairement un seul mot,
ἐργολαβεῖν, entreprendre un travail; ici, donner un echantillon de
son talent.
4 Ὡς δ᾽ αὕτως, eodem modo. L'adverbe ὡσαύτως correspond exactement au pronom ὁ αὐτός.
5. Κυβερνᾶν κατασταθείς. Pour cet emploi de l'infinitif, V. Madv.,
§ 148. Quelques éditions donnent κυβερνᾶν τε κατασταθείς. Avec
cette particule, il faudrait supposer une légère interversion dans
la pensée de Xénophon qui, au lieu de mettre un peu plus bas ἢ
στρατηγεῖν aurait d'abord songé à écrire κυβερνᾶν τε καὶ στρατηγεῖν.
6. Ἀπαλλάξειν, au sens intransitif, turpiter et male discederet.
7 Μείζω ἢ κατὰ δύναμιν, majora pro viribus.

τις ἀργύριον ἢ σκεῦος παρά του πειθοῖ λαβὼν ἀποστεροίη, πολὺ δὲ μέγιστον ὅστις μηδενὸς ἄξιος ὢν [1] ἐξηπατήκοι πείθων ὡς ἱκανὸς εἴη τῆς πόλεως ἡγεῖσθαι. Ἐμοὶ μὲν[2] οὖν ἐδόκει καὶ τοῦ ἀλαζονεύεσθαι ἀποτρέπειν τοὺς συνόντας τοιάδε διαλεγόμενος[3].

1. Μηδενὸς ἄξιος ὢν, *nullius pretii homo.*
2. Ἐμοὶ μὲν. V. p. 40, note 3.
3. Τοιάδε διαλεγόμενος, *hæc quum disseret.* Τοιάδε et non τοιαῦτα, peut-être pour donner plus de force a l'expression : par ces discours *qu'on vient de lire.*

FIN

TABLE DES MATIÈRES

Paris — Typ G Chamerot 19 rue des Saints Pères — 1873

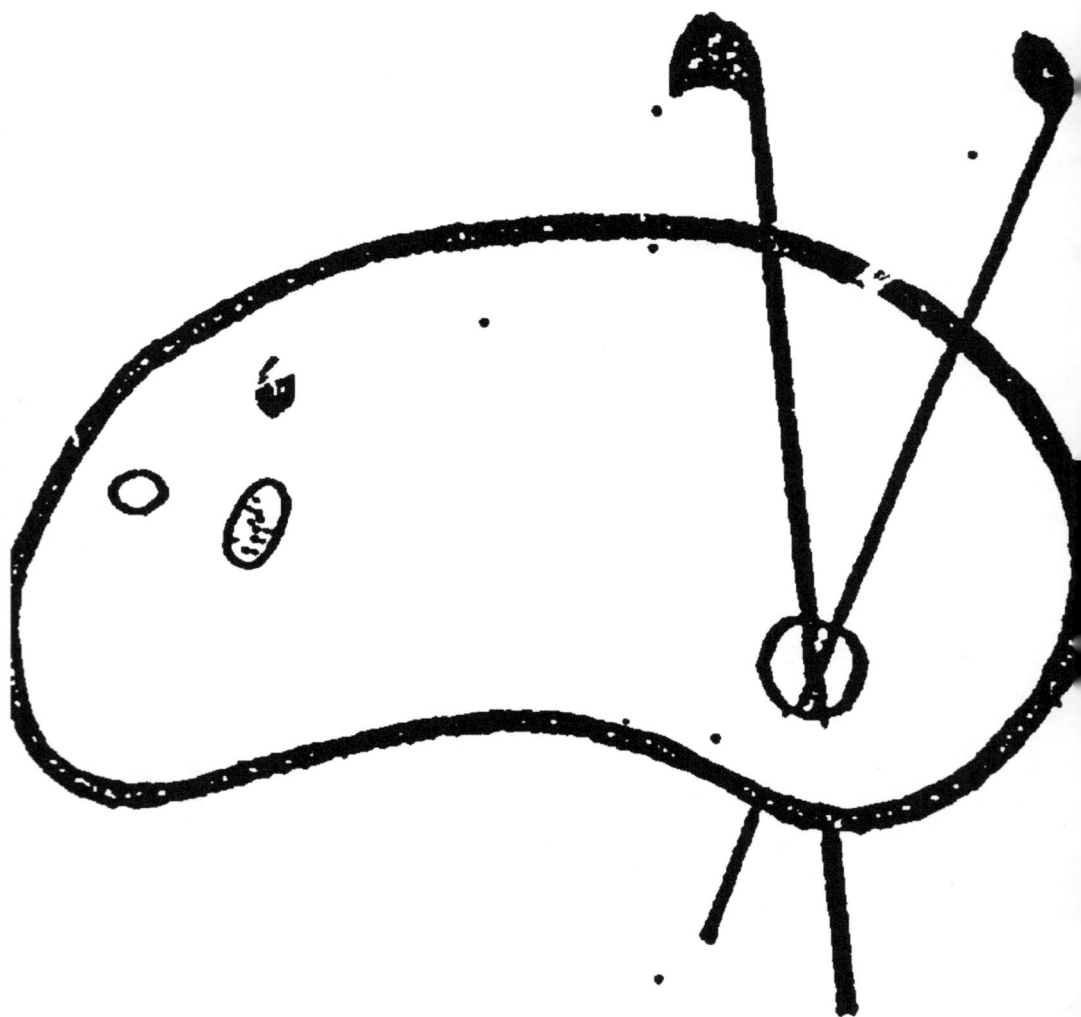

ORIGINAL EN COULEUR
NF Z 43-120-8

www.ingramcontent.com/pod-product-compliance
Lightning Source LLC
Chambersburg PA
CBHW060604100426
42744CB00008B/1315